汉字文化与语文教学

王瑞英◎编

汕头大学出版社

图书在版编目(CIP)数据

汉字文化与语文教学 / 王瑞英编. 一 汕头 ：汕头
大学出版社，2021.7
ISBN 978-7-5658-4409-6

Ⅰ.①汉… Ⅱ.①王… Ⅲ.①汉字－文化研究②语文
教学－教学研究 Ⅳ.①H12②H19

中国版本图书馆 CIP 数据核字(2021)第 162688 号

汉字文化与语文教学
HANZI WENHUA YU YUWEN JIAOXUE

编　　者：	王瑞英	
责任编辑：	邹　峰	
责任技编：	黄东生	
封面设计：	郭宝鹰	
出版发行：	汕头大学出版社	
	广东省汕头市大学路 243 号汕头大学校园内　邮政编码:515063	
电　　话：	0754-82904613	
印　　刷：	蚌埠市广达印务有限公司	
开　　本：	787mm×960mm　1/16	
印　　张：	8.25	
字　　数：	145 千字	
版　　次：	2021 年 7 月第 1 版	
印　　次：	2023 年 10 月第 1 次印刷	
定　　价：	59.80 元	

ISBN 978-7-5658-4409-6

本书为南昌师范学院精品教材"汉字文化与语文教学"(项目编号:JPJC-15-2)项目成果;11531工程"古代语言与文化"创新团队成果之一。

目 录

上编　汉字结构理论

下编　字理教学法

上编　汉字结构理论

第一章 汉字的起源

第一节 文明的晨曦,蒙昧通往文明的路口

现今史学界把"文明"一词用来指一个社会氏族制度解体而进入有国家组织的阶级社会。文明的标志之一就是文字的产生和应用。因此,我们从一般逻辑判断,一种文字总是在蒙昧通向文明的转折点上诞生,这应当是合乎历史发展规律的。

世界上文明的产生都在大河流域,因为水源和动植物给人类的生存提供了可能的生态条件。中国的文明在黄河流域诞生,它是独立发展的。汉字——中华文明的重要标志之一,也是独立产生的。为了了解汉字的起源,需要对照世界其他古文字的发展状况。

古代苏美尔楔形文字。苏美尔人于公元前 4000 年左右聚居在发源于亚洲西部的亚美尼亚高原的幼发拉底河和底格里斯河流域。大约在公元前 3200 年,他们的文字由图画文字演进为表意文字。这种文字用削成三角形尖头的芦苇秆或骨棒、木棒当笔,在潮湿的黏土制成的泥板上写字,字形自然形成楔形,所以被称为楔形文字。为了长久地保存泥板,需要把它晾干后再进行烧制。泥板很笨重,最大的有 2.7 米长,1.95 米宽,每块重约 1 千克,现在发掘出来的泥板共有 100 万块。楔形文字对西亚很多民族语言文字的形成和发展产生了重要的影响。西亚的巴比伦、亚述、赫梯、叙利等国家都曾对楔形文字略加改造,来作为自己的书写工具。公元前 1100 年,腓尼基人创制出腓尼基字母,其中也有楔形文字的元素。可是,由于其载体难以保存,构造又极为复杂,到公元 1 世纪,就完全消亡了。

埃及圣书文字。位于尼罗河流域的古老国家埃及,公元前 3000 年第一王朝时期,创造了圣书字,有三种字体:碑铭体、僧侣体和大众体。碑铭体起初是雅俗通用的,后来成为雕刻在金字塔和神庙石壁上,以及绘写在石器、陶器等器物上的庄严字体,同时也是三种字体的总称。其符号外形很像图画,但实际上大都早已失去象形功能。僧侣体是实用的草体,主要用于宗教写经。这两

种字体的内部结构完全一致。大众体又称书信体或土俗体,它是僧侣体的简化形式。1799 年,在埃及罗塞塔地方发现一块纪念碑,有碑铭体、大众体和希腊文三种文字对照。以这块纪念碑为线索,经过长期的研究,到 19 世纪 20 年代,终于对这三种字体基本上释读成功。圣书字的释读成功让我们了解到,古埃及和古埃及文化完全不同于今天埃及的阿拉伯语和阿拉伯文化。

　　克里特岛线形文字。位于欧洲东南部巴尔干半岛南端的希腊,是一个群岛国家,由 1500 多个岛屿组成,海岸线长,多曲折港湾。境内有很多湍急的河流。在希腊克里特岛发现的泥板残片,有两种文字形式,被称为线形文字 A 和线形文字 B。线形文字 B 于 1952 年被文特里斯破译,证明其为希腊语的一种古代形式,使用于迈锡尼文明时期,大约在公元前 1650 年始创。它是一种意音文字,包括 60 个表示音节的符号,以及 60 个表意符号表达声音、物体或抽象概念。而线形文字 A 至今未被破解。

　　人类文明产生过五种自源文字,上述三种古文字的起源时间几乎完全依赖出土考古资料推定。汉字和这些古老的文字一样,都经由图画文字到表意文字的阶段。根据出土的前文字资料和古代文献资料,我们可以推定汉字起源的时间不会比苏美尔和埃及古文字更晚,而它与其他古老文字不同的是,当那些古文字在演变中停止使用而丧失了生命力,有的变成了拼音文字,有的甚至不可识读,被外来文字取代的时候,唯有汉字,没有停顿,而是被使用至今,成为世界上唯一的一种有着严密体系的表意文字。

　　既然汉字发展的历史没有中断,那么,我们沿着它踏出的足迹向上追溯它的起源,应当是可能的。但是现存最早的文字——甲骨文产生在殷商时代,距今约有 3400 年。它已经是一种有着比较严密体系的文字。甲骨文发现于 19 世纪末期,据说最早作为药店的一味中药。后来发现其出土地点为今河南省安阳市一个叫小屯的村子,为殷墟遗址,是商朝从盘庚迁殷至商纣亡国期间 270 余年都城所在地。从考古发现的小屯殷墟文化来看,可以确定其已是高度发达的文明,不可能是华夏文明的源头,而殷墟甲骨文也不可能是汉字的源头。

　　我们完全可以推测,甲骨文产生的时代,恐怕也不会是华夏民族由蒙昧走向文明的路口。汉字在进入甲骨文之前,必定还有一段相当长的历程。但是,沿着甲骨文再向前追溯,可以证实汉字历史面貌的文物与文献还不够系统和充分。因此,汉字的起源,目前只能以不连贯的历史证据和依照发展逻辑的推测为基础,建立科学的假说。

第二节　汉字的发展历程

　　文字是记录语言的符号,任何一种文字都代表有声语言,这是一切文字的共性。文字既然代表语言,那它必然产生在语言之后。也就是说,任何一种体系的文字都必须在这种或那种语言的基础上产生,没有任何一种文字没有一种具体的语言作为它的基础。古今中外,只有有语言没有文字的社会,绝不会有哪个民族只有文字而没有自己的有声语言。就拿我们中国来说,我们是一个多民族的国家,每个民族都有自己的语言,但并不是每一个民族都有自己的文字。可见,文字必须在语言的基础上产生,它依赖于语言,没有语言作为它的基础,文字就只能是无源之水,无本之木,实际上是不存在的。语言文字的发展规律是社会上有新事物出现,语言中出现新的词来记录出现的新事物,文字中出现新的字形来记录语言中的词。

一、汉字起源的几种观点

　　有关汉字起源的传说,大体可以分为两类:一类是关于前文字时期的传说,另一类是关于创造文字本身的传说。从这些传说中,我们可以窥见原始文字发生的因由,以及由原始汉字向成熟的文字体系过渡时的一些历史状况

(一)原始的实物记事——结绳

　　迄今为止,我们所能看到的有关汉字起源的文献记载,最早来自周秦的典籍,而且大多都是传说,有的还带有神话色彩。但是,神话与传说有它产生的历史背景和根源,往往是某些历史现实的折射。关于汉字起源的历史旧说,并不都是无稽之谈,其中也有一部分是信传。尽管这些传说并非汉字起源历史面貌的详尽写实,但是,它们对推断汉字起源前后的状况和推断汉字起源的大体时间,都是具有价值的。

　　汉字产生以前,我国曾有用实物记事的阶段。传说燧人氏时代,还没有文字,如果有什么重大的事情需要记住,只能用摆放石块的方法来记事,称为"堆石记事"。这种方法既麻烦又不便于管理,而且很容易被破坏。后来,燧人氏莽兹氏的织女发明了搓绳技术,继而又发明了"结绳记事",取代了堆石记事。原始人创制绳索是一重大发明,不仅用来捆绑,而且用来记事。此谓结绳记事。结绳记事是文字发明前,人们所使用的一种记事方法。即在一条绳子上打结,用以记事。上古无文字,结绳以记事。结绳记事(计数)作为当时的记录

方式是具有客观基础的。

　　结绳记事的说法首见于《周易·系辞下》:"上古结绳而治,后世圣人易之以书契。百官以治,万民以察,盖取诸夬。"《庄子·胠箧》说:"昔者容成氏、大庭氏、伯皇氏、中央氏、栗陆氏、骊畜氏、轩辕氏、赫胥氏、尊卢氏、祝融氏、伏羲氏、神农氏,当时是也,民结绳而用之。"

　　根据上述两种说法,上古有很长一段时间都用结绳记事,神农氏是用结绳的最后时代。至于结绳这种记事方法如何施行,《周礼正义》引《虞郑九家易》说:"古者无文字,其有约誓之事,事大大结其绳,事小小结其绳,结之多少,随物众寡;各执以相考,亦足以相治也。"事大结的大,事小结的小。不同的结法,表示不同的数目,不同的绳子表示不同的事物,不同颜色的绳子表示不同的事情。根据记载,古埃及、古波斯、古代日本都曾有过结绳之事。人类学家和民俗学家考察,近代美洲、非洲、澳洲的土人,我国的藏族、高山族、独龙族、哈尼族以及云南的纳西族等也都有用结绳记事的民俗。秘鲁的土人用数条不同颜色的绳子,平列地系在一条主要的绳子上,根据所打的结或环在哪条绳子上、什么位置和结、环的数目,来记载不同性别、不同年龄的人口数。这表明,结绳确实是历史的遗存。

　　人们把结绳与文字联系在一起,是因为人类创造结绳记事的方法与发明文字的想法是一致的。一件事情要想保留在人的脑子里,只有在记忆所能达到的时间和准确度之内,才是可能的。但记忆的延续时间和可负荷的容量都是有限的,只有用外部的标志来提示这些信息,才可以将数量繁多的信息保持长久。社会发展到一定的阶段,人们的交往渐渐成为维系社会存在和发展的重要因素时,相互约定的事情,也需要有一种客观凭据以便相约者共同遵守、长期遵行。前者属于个人信息的存留,后者属于社会人际关系的约定,这些内容都需要超越时间的限制,这就是结绳的"治事"作用和"各执以相考"的誓约作用。这正是激发人类发明文字的动因。也就是说,到了结绳记事时代,文字产生的主观要求已经初露端倪。

　　结绳的可区别性很低,只能用结大结小来标记大事小事,像秘鲁土人用不同颜色的绳并在一起,再加上颜色与绳结位置的区别,最多也只能传递十几种至几十种信息,它的记录功能是很弱的。随着人类社会生产力的发展,人们需要自己记忆的事物不断增多,结绳的局限也就越来越大。再加上结绳是一种难以突破空间限制的记事的实物工具,原始社会的人群活动还不是很大,对这种记事符号尚能适应,当人类交往的范围日渐扩大,信息的远距离传递需要突破空间限制的时候,它的局限性就更为突出了。于是必然引发人类想出更新更好的办法来解决大量信息的存留问题。

结绳作为一种视觉的记事符号,在记事的数量和准确性上虽然极为寥寥,但它是一种成功的尝试。从结绳到文字,虽然发展了几千年,但在性质上,距离已不是很遥远。我国云南的各少数民族如独龙族、傈僳族、怒族、佤族、纳西族、普米族、哈尼族和西藏的珞巴族等,在中华人民共和国成立前,也仍用结绳方法记日子。傈僳族用结绳法记账目;哈尼族借债用同样长的两根绳子打同样的结,各执其一作为凭证;宁蒗的纳西族、普米族常用打结的羊毛绳传达消息,召集群众。结绳说既有后代民俗作为确证,又可以从历史发展的逻辑上分析出它存在的合理性。因此,这种关于汉字起源的传说,有很大的参考价值。

我们不否认结绳有帮助记忆的作用,但帮助记忆仅仅是帮助记忆,还不是人们交际和交流思想的工具。帮助记忆的方法是多种多样的,所用的工具也是因人因地而不同。除"事大大结其绳,事小小结其绳"这个方法外,还有数禾杆,数苞谷米,数豆子,或者在树皮上、兽骨上、石头上、木板上刻点等方法。例如瑶族曾经用禾杆来记录一年的收成,用木板刻点和苞谷米来记分。如果认为结绳是文字的前身,那么,数禾杆,数苞谷米,数豆子都是文字的前身了,这显然是说不通的。

文字起源于结绳记事的说法,其主要错误在于把帮助记忆的工具等同于交际和交流思想的工具。文字之所以异于结绳,就在于它以一个完整的符号体系来表达有声语言,就在于它在全民语言的基础上产生,因而具有全民性和社会性。结绳则只能作为个人帮助记忆的工具。它本身具备的条件从其一出现就区别于文字,而且不可能发展为文字。

主张文字起源于结绳,实际上就是主张记号可以表达概念。即思维可以不通过语言来表达。这种主张必然引导人们得出一个结论:人类社会曾经有过没有语言的历史阶段——这就从根本上否定了劳动创造一切的观点。

(二)向符号发展的契刻记事

契刻,是在骨、玉、竹、木上刻画符号的一种记事方式,其作用主要是记数。《周易·系辞》说:"上古结绳而治,后世圣人易之以书契。"汉朝刘熙在《释名·释书契》中说:"契,刻也,刻识其数也。"《隋书·突厥传》也曾说:"突厥无文字,刻木为契。"这些都说明了契就是刻,契刻是实物记事后的一种记事手段。刻木是原始记事的一种方法。当人类没有发明文字,或文字使用尚不普遍时,常用在木片、竹片或骨片上刻痕的方法来记录数字、事件或传递信息,统称为契刻记事。契刻记事以刻痕为记号,帮助记忆数目或订立经济契约。不论是手段还是目的都比结绳记事要进步得多。

因为人们订立契约关系时,数目是最重要的,也是最容易引起争端的因素。于是，人们就用契刻的方法，将一定的线条作符号，刻在竹片或木片上，作为双方的"契约"。这就是古时候的"契"。后来人们把契从中间分开，分作两半，双方各执一半，以二者吻合为凭。在中国古代文献中，称木刻为"券契""契"。关于古代契刻的情况，《列子·说符》里记载了这样一个故事："宋人有游于道，得人遗契者。归而藏之，密数其齿。告邻人曰：'吾富可待矣！'""齿"即木刻上的缺口或刻痕。意思是说有一个宋国人，在路上拾到一个别人遗失的契，回到家里便把契藏了起来，并偷偷地数契上刻的齿数，以为这些齿代表的钱数不少，非常高兴，情不自禁地对邻居说："我很快就要发财了。"这段故事说明古代的契上刻的是数目，主要用作债务的凭证。

结绳说之外，契刻说也很值得重视。契刻是原始社会创造的以契刻某种物体，通过其痕迹反映客观经济活动及其数量关系的记录方式。契刻记事（计数）是被原始先民广泛使用的记录方式之一。契刻不仅是一种传说，而且通过考古，发现了契刻记事的遗迹，其形式有两种：

一种形式是动物腿骨钻孔，或使用竹片、木片边缘缺口记事。考古学典型的例证有：处于旧石器晚期距今 18000 多年的山顶洞人，利用禽类腿骨钻孔以记事。今青海柳湾出土，属于马家窑文化、距今 5000 多年的原始人，使用刻缺口动物骨片以记事。此记事方式以契刻材料的差异而分别称作"刻骨记事"及"刻木记事""刻竹记事"等，但近现代许多少数民族的刻木、刻竹记事方式可以提供间接的证据。

另一种形式为在某种物体上契刻抽象符号，以符号反映客观经济活动及其数量关系。此契刻记事形式的考古学例证典型有：处于旧石器晚期的峙峪人利用动物骨片刻制划痕，属于仰韶文化、距今约 7000 年的半坡人利用陶器刻制的符号。中国青海乐都柳湾新石器时代墓葬中出土 40 枚骨片，两边刻有缺口，即是记事或记数用物。缺口深的表示重大事件，浅的表示较小事件，后来又有直线、斜线、交叉线等，用来表示较为复杂的事情。木刻实物在敦煌汉简也有发现，其上写有文字，这种带文字的木刻便称"书契"。此外，在陕西临潼姜寨、甘肃临洮马家窑、河北永年、山东青岛、浙江余杭良渚、山东章丘城子崖、上海马桥和崧泽等遗址多有发现。其地域分布广泛，符号也日趋统一和规范。

但契刻记事主要在于计数，记事的功能较弱，可能还没有形成文字观念。不过，上古时期一部分与数目有关的文字符号很可能是在契刻记事的基础上形成的。夏代的陶符可以看到这种痕迹。

我国西南某些少数民族（如基诺族），在四十多年前还一直使用刻木记事的方法。契刻作为一种前文字现象，也是可信的。

（三）仓颉造字传说的启示

在有关汉字的传说中，仓颉造字说是流传最广的一种说法。这种说法产生于战国时期。仓颉，姓侯冈。传说他生而神明，有四目。为黄帝史官。传说仓颉造字的年代，大约在甲骨文开始出现的时代。这种传说最早出现在战国时代的文献里。《世本》："仓颉作书"，"沮诵仓颉，黄帝之史官"。《吕氏春秋·君守》说："奚仲作车，仓颉作书，后稷作稼，皋陶作刑，昆吾作陶，夏鲧作城，此六人者，所作当矣。"

到了秦汉时代，流传更广，仓颉造字说影响更深。《淮南子·本经训》有"昔者仓颉作书而天雨粟，鬼夜哭"的传说。李斯统一文字时所用的课本，第一句就是"仓颉作书"，所以称作《仓颉篇》。汉武梁祠有仓颉造字的壁画；山东沂南出土的汉画象墓的中室，四壁上刻着的图象有仓颉造字的故事，仓颉刻着四只眼睛。

把前人传说吸收后加以整理，正式写入早期汉字史的是东汉的许慎。他在《说文解字·叙》里说："及神农氏结绳为治而统其事，庶业其繁，饰伪萌生。黄帝之史仓颉，见鸟兽蹄迒之迹，知分理之可相别异也，初造书契。"又说："仓颉之初作书，盖依类象形。"《文心雕龙·练字》沿袭许慎的说法，才有了"文象立而结绳移，鸟迹明而书契作"的名句。由汉到清，学者尊崇《说文解字》，大部分人都接受仓颉造字说。后来章太炎根据荀子的意见加以发挥，认为"仓颉以前，已有造书者，亦犹后稷以前，神农已务稼穑，后夔以前，伶伦已作律吕也。夫人具四肢官骸，常动持莛画地，便已纵横成象，用为符号，百姓与能，自不待仓颉也。"[①]又说"一二三诸文，横之纵之，本无定也；马牛鱼鸟诸形，势则卧起飞伏，皆可则象也；体则鳞羽毛鬣，皆可增减也。字各异形，则不足以合契。仓颉者，盖始整齐画一，下笔不容增损。由是率而箸形之符号，始为约定俗成之书契。"[②]

关于仓颉其人的意见很不一致，有人认为"仓颉"是"创契"的音变，根本就没有这个人。也有人认为仓颉确有其人，是黄帝的史官。由于确凿史料的缺乏，很难得出结论。仓颉如果真的确有其人，他应该搜集和整理过文字，但不能因此就说文字是他一个人创造的。从出土的甲骨文、金文材料可以看出，一个汉字都有数量众多的不同形体。这说明汉字是文字，是约定俗成的图形符号，在文字定型化以前，使用文字的人都参与了汉字的创造，都是仓颉，而不是

---

① 章炳麟：《章氏丛书·造字缘起说》，学苑出版社，2016年版。
② 章炳麟：《章氏丛书·造字缘起说》，学苑出版社，2016年版。

由某个"圣人"创造出来的。就像相传李斯造小篆,程邈造隶书。事实上小篆在此之前早已存在,李斯只是整理规范了小篆,罢六国文字"与秦文不合者"。而程邈之前,隶书作为小篆的简便书写形式已经在社会上使用多时,程邈对这些省简的隶书形体加以整理。我们不能说仓颉创造汉字,正如我们不能说李斯创造小篆,程邈创造隶书一样。但不可否认的是,仓颉和李斯、程邈一样都是对汉字的发展做出巨大贡献的人。

许慎在《说文解字·叙》里介绍了文字产生的过程有其合理性。

首先,这种传说把结绳与仓颉造字衔接起来,认为在"庶业其繁"以后,结绳无法适应更多、更快地记录、传递信息的需要,人们必须探索新的方式,创造更多的相区别的符号,来记录更多的信息。在"兽蹄鸟迹之道,交于中国"的时代,人们从鸟兽蹄远之迹得到了"以类象形""分理别异"的启示,逐渐创造了文字。这一点,从汉字象形系统中也可以看到端倪。

其次,传说仓颉是黄帝的史官,也是有道理的。文字产生在国家形成过程中,首先是政事往来的需要。所以汉字形成过程中起主要作用的应是与文字有密切关系的巫史。史与文字的关系,也可以从汉字结构中得到证实:"史"从"中"、下从"又",以手执中正是史官的形象。"中"是簿书、典册。《礼记·礼器》:"因名山升中于天"是讲禋祀时烧柴,置玉帛于其上,同时连文册也一起烧掉。《周礼·秋官·小司寇》:"岁终,则会群士计狱弊讼,登中于天府。""登中于天府"就是写在天府的登记册上,"中"即"册"。《周礼·春官·天府》:"乡州及都鄙之治中,受而藏之。"郑众注:"治中谓其治职簿书之要。"所以,"史"是书写、收藏簿书的官,他们是直接使用文字的人。

仓颉是史官,因集中使用原始文字,得以对群众自发产生的字符加以规范整理。《荀子·解蔽篇》中说:"故好书者众,而仓颉独传者,壹也。"对于"壹"的意思有不同的理解,有人解释作"专一",把《荀子》中这句话理解成仓颉只是众多好书者中由于用心专一而最有成就的一个。也有人以"壹"为"同一、统一"的意思,认为《荀子》这句话应该理解为仓颉整理过文字。其实,《荀子·解蔽篇》所说的"壹"指的是正道,也就是正确的规律,与"两"相对,不受歪理邪说的影响叫作"壹"。荀子认为,后稷之于稼,夔之于乐,舜之于义,和仓颉之于书一样,都是因为专门从事某方面的研究,从而掌握了正确的规律,才能独传。仓颉是一个因为集中使用文字而掌握其规律从而整理了文字的专家。在汉字从原始文字过渡到较为规范的文字的过程中,他起到了独特的作用。可以推断,这样的一个人,在汉字起源阶段的晚期,一定会存在的。

仓颉出现的时代,应该在原始汉字有了一定数量的积累阶段,也就是华夏民族由蒙昧走向文明的初期。说他在神农氏之后的黄帝时代,黄帝时代是中华文明从多途发展而逐步统一的发源时代。至于具体时间,是不足为据的。

(四)文字起源于图画说

文字是由图画发展而来的,这是大家公认的事实。但我们说文字起源于图画并不等于说图画也是文字。图画是人们用来反映通过感官所认识的客观现实的一种手段。它不同于文字最基本的地方在于:文字是和语言密切结合的一种全民交际工具,图画虽然有时也可以用来交流思想,但它的表现方法是极其有限的,而且必须在一定的条件下才能起到辅助的交际工具的作用。用图画交流一定的思想,人们就可能有各种不同的画法。这种主观的表现方法和客观的理解间的矛盾,加上图画的表现方法的巨大局限性,决定了图画不能作为人们的交际工具。

文字是一种假定的符号,他从图画中脱胎出来,逐渐简化而变成一种符号体系来代表语言,表达语言中的每一个词,这就使得它和图画区别开来;文字朝着符号化的方向发展,图画朝着绘画艺术的方向发展。

谈到文字和图画,有两个概念"文字画"和"图画文字"必须搞清楚,不能混为一谈,二者不能等同起来,也不能把早期的图画文字当作文字画。其实,严格地说,"文字画"这个术语本身就很有问题。因为是文字就不是图画,是图画就不是文字,图画和文字二者是有排斥性的。

早期的图画文字是图画形式的文字,它比后来的象形字更"象形",有更多图画的色彩。可以认为,文字是从图画发展来的,它起源于图画,渐渐演变为早期的图画文字。早期的图画文字和图画有本质的不同,图画文字不是艺术形象,而只是假设的书写符号。我们不但要把早期的图画文字和图画区别清楚,而且不要把它和"文字画"混为一谈。

关于汉字起源的推测,必须包含以下几个方面的内容:

第一,原始汉字处于什么状态,就算已经产生?我们认为,原始汉字脱离了任意绘形,任意理解的阶段,产生了约定俗成的意义(固定的意义),可以记录语言中的词(也就是固定的读音)的单字,并且可以开始进行字料的积累的时候,就算汉字已经产生了。要达到这样的状态,必须具备社会发展的条件与前文字时期创造文字的准备条件。经济发展,生产组织进一步严密,居住点与政治中心确立,才使口语的局限性变得日益突出,超越时间与空间限制的文字不得不发展起来,这是文字起源的社会条件。这时,又必须有一批可以书写,可以传递的图画或符号,可以用来演变为字符,这是创造文字的准备条件。

第二,作为记词的字符是由什么情况,经历了什么样的过程产生的?

在面临异地的相处过程中,口头有声语言的局限亟待克服,首先可以用来传递信息的是具有记号性质的实物。结绳、契刻这两种记事方法几乎遍布各个大陆。但这些方式只能是对自身记忆或双方默契的提示,对毫无联系的两个人,不加有声语言的解释,便不具有交流思想与交际的性质。有些实物经约定后可以作为固定意义的信号。例如,古代的虎符,只有契合才有传递命令的作用。《孟子》记载,依照周礼,招守苑囿的虞人要用皮冠,如用旌招唤,虞人可以不去。这些都是原始人实物传递信息的方式在军事、政治上的残留。这种方法也只能用于特定的场合,传递极为单一的信息。

一种可以用于较大范围又能传递较多信息的手段,必须使接收信息的人与发出信息的人想到的是同样的事物和内容。在人类文明的起点上,唯有写实性图画可以起到这种作用。因为,写实性图画是现实生活的再现,它具有独立的说明性,而且,不同的图画所具有的区别性,可以使不同的信息得以区分。所以,图画用以传递信息,是文字的源头。而用图画来传递信息,开始有些近似绘画艺术的作用,靠的是它的直观性和形象性,绘形越细致,给予对方的信息量越大且越准确,越能沟通信息的发出者与接收者。

用以传递信息的图画开始并没有获得文字的资格。因为它是凭着完全写实的图形,使接收信息的人从直观上理解意思。经过信息传递的多次重复,某一图形与某一意义建立了固定的联系,图形与意义的关系带有了约定性,这才有了图画文字的性质。图画文字具有的形意关系,不是与语言对应的,而是超语言的。也就是说,这些符号可识而不可读。人们可以用不同的语言单位,选择不同的词句去指称它的意义。例如,商代的铜器上,常常有一些图像,是作为征伐的标志的。只要看到这种众人聚在旗下的形象,就可以知道这一铜器与征伐有关。但它并没有与哪句话或哪个词固定地建立起联系。因此,它还属于文字画或图画文字的性质。20世纪60年代初,在二里头文化遗址和大汶口文化遗址中出土的大量陶器刻画符号,也可能属于图画文字。图画文字发展为早期象形文字,最主要的变化在于它直接成为语言的符号,变得可识可读。另外,它的总体的直观性经过分析,变为一形即一词。这时,完全写实的绘形就演变为象征的或局部替换的,只要所绘与所指保持理据,能使人识别就可以了。

在图画文字发展为象形文字的过程中,原始的花纹图案也是远古时代约定符号的来源之一。在花纹图案中,某些表意成分常常转化为图画字,然后又转化为表词字。在东欧草原地带发掘的公元前20世纪末至前10世纪初期木椁文化的陶器,上面有许多象征性的花纹图案,例如圆圈象征太阳,波形象征水,十字形象征四面八方……它们与以后产生的文字常常有渊源关系。二里头文化陶片上的刻符,有可能是简单的象征符号。

　　第三,汉字究竟在什么时代产生?

　　由图画传递信息到产生图画文字,再由图画文字和花纹图案的表意成分转变为约定符号以至记词符号,这需要一个相当长的过程,大约始于新石器时代而止于有史时期的开始。从目前的考古资料看,汉字的产生就其上下限而言,也正是在此时期内。

　　到目前为止,在已出土的文物中没有看到作为汉字前身的用图画传递的信息和图画文字,因此汉字起源的上限难以从实际上确定下来。现在能够提出的根据,大多在新石器时代的中期,可暂时把这一时期作为汉字起源的上限。从理论上讲,汉字起源的上限也许比这还要早些,那要等发现新的考古证明时再向上推移了。至于汉字起源的下限,我们可以从小屯殷墟甲骨往上推测。当图形文字与陶器花纹中的表意图案演变为记词符号,汉字由零散的、个别的字符逐渐积累,达到一定的数量后,再通过人为的规范,成为一种文字体系。这一过程,如果跟记词字符产生的那段过程相比,应当是短一些。这不仅仅因为生产和政治的发展都越来越迅速,更因为起源阶段具有多元性(由于部落不同,可能有多种原始文字存在)、自发性、群众性的特点,而初期发展阶段主要集中在少数使用汉字的人中进行的。小屯殷墟甲骨文已经是能够完整记录汉语的文字体系。《尚书·多士》记载西周初年周公的话:“惟殷先人有册有典,殷革夏命。”这就是说,殷人在灭夏时,已经有了记事典册。

　　综上所述,原始汉字在新石器时代中期开始产生,到它发展成初步的文字体系,经历了漫长的时期。而被称为汉字之父的“仓颉”在夏代之前便开始了自己的工作。从出土文物可以看出,甲骨文金文中异体纷呈,汉字不可能是由一个人创造出来的,仓颉应该是在汉字萌芽时期对汉字加以整理规范的人。

(五)八卦说

　　在文字产生以前,伏羲氏发明了用来表示世界客观事物的八卦符号。《易经·系辞》中有一段话大意是:伏羲氏大酋长太昊,抬头观察天气变化,低头看到鸟兽蹄迹;近处就效法起自身之状,远处就效法起身外之物,从而画出了八卦。八卦亦称“经卦”,是《周易》中的八种基本图形,用“—”和“— —”两种符号,每卦由三爻(yáo,组成八卦的横道)组成;以“—”为阳,以“— —”为阴。《易经》的作者认为八卦就是八种自然现象,即天、地、日、月、风、雷、山、泽。八卦的中的干、坤、震、艮、离、坎、兑、巽,就分别代表了这八种自然现象。

　　八卦符号与后来的文字有相似的地方,所以一般认为八卦符号是汉字的来源之一。

　　以上汉字起源的五种传说由来已久,有些已为考古发掘的文物得到证实。

随着考古发掘的不断进展,一定还会有新的成果出现,当然也会包括上古的记事符号和原始汉字,以此将使汉字起源之说更加科学。

二、目前最早的汉字——甲骨文的发现

殷商甲骨文最初发现于清朝末年的光绪年间。关于它的发现经过,长期以来流传着这样一个十分有趣的故事:1899 年(光绪二十五年),北京国子监祭酒王懿荣(字廉生,谥文敏公)得了疟疾病,他到处求医找药。后来延请太医诊治。太医诊脉后随即给他开了一张处方,其中一味是医生经常用以涩精补肾的中药"龙骨"。王懿荣马上打发家人到宣武门外菜市口一家明代开张的老中药店"达仁堂"按方抓药。家人买回药以后,王懿荣亲自开包一一审视,无意中发现药中的"龙骨"上刻有一种歪歪扭扭的好似篆文但又不认识的文字。王懿荣平素喜好金石学,精通铜器铭文,对古文字学有较深的素养和造诣。这一偶然的发现,他立即悟觉此味"龙骨"绝非一般药材,于是他又派人到药店访问"龙骨"的来源,并将药店里所有带字的"龙骨"全部买回。这件事情轰动了当时的文化界,尤其是研究历史的不少学者对此也产生了浓厚的兴趣。后来人们才得知,北京城里几家著名的中药店,凡是"龙骨"这味药材的货源,几乎都是河南安阳一带的农民在种地时候偶然发现的,农民以为是重要"龙骨",就卖给了当时的药材商贩。后经王懿荣等学者的精心研究,初步断定这些东西根本不是"龙骨",上面刻画的歪歪扭扭的文字应当是比当时已知的各种古文字还要古老的一种文字。后来不少学者经过研究证实,这种所谓"龙骨"是我国历史上商代晚期王室贵族进行占卜活动留下的遗物,上面刻画的歪歪扭扭的文字,是当时占卜活动的文字记录。从此刻字"龙骨"的奥秘被人们揭示出来。

举世闻名的商代甲骨文在这样一个偶然的机会被人们发现。因为这些文字刻写在龟甲兽骨上,所以后来人们称之为"甲骨文"。

第二章　文字的奥秘

汉字是一种很有特色的文字，它在世界文字之林独树一帜，给人以神秘感、微妙感。汉字，有人称之为"方块字"——这是因为汉字具有与众不同的块状构型；有人称之为"表意文字"——这是因为汉字具有极为特殊的表意功能。

汉字在几千年的历史发展中，字形发生了很大的变化。这种变化表现在两方面：一是笔势和体态的变化，一般称为形体的演变；二是笔画组合的变化，一般称为字形的发展。这两方面有时交织在一起，但本质上属于两个问题，前者是字体问题，即字的写法问题；后者是结构问题，即一个字是由哪些笔画组成的问题。

第一节　独特的表意性

汉字是世界上历史最悠久的文字，从甲骨文、金文到小篆，从小篆到隶书、楷书，虽经历过几次变革，字形发生了变化，有些甚至是讹变，但汉民族却从未中断过对它的使用，整个汉字体系基本上未发生过根本性改变，古今汉字之间体现着明显的继承关系。

任何一种文字都具有字形、字音、字义三个要素。作为记录语言的符号，它总是代表着语言中的某种声音和某些意义。我们说表意性是汉字的突出特点，并不是说汉字不表示声音，汉字的表意与拼音文字有明显的不同。汉字的造字方法是古老的，表意方式是直接的，许多字能够据形索意，在结构功能方面从古到今都带有独特的程度不同的表意性。

汉字的造字方法前人总结有"六书"，即所谓"象形、指事、会意、形声、转注、假借"。毫无疑问，旧的"六书"理论不够严密，甚至有的地方不够科学。但它是至今两千多年分析汉字结构的依据，学习汉字结构离不开"六书"理论。

这六种方法不是在造字之前就有的，而是后世文字学家根据汉字结构分析归纳概括出来的。

"六书"这个词最早见于《周礼·地官·保氏》："保氏掌谏王恶，而养国子以道，乃教之六艺：一曰五礼，二曰六乐，三曰五射，四曰五驭，五曰六书，六曰九数。"其中没有"六书"详细的名称，也没有对"六书"的解释。

到东汉时代，史籍中记载"六书"的有三处：

一是班固的《汉书·艺文志》："古者八岁入小学，故周官保氏掌养国子，教之六书，谓象形、象事、象意、象声、转注、假借，造字之本也。"

二是郑众的《周礼》注，"六书：象形、指事、会意、转注、假借、谐声。"

三是许慎的《说文解字·序》："《周礼》八岁入小学，保氏教国子，先以六书。一曰指事，指事者，视而可识。察而可见（段玉裁改为"察而见意"），上下是也。二曰象形，象形者，画成其物，随体诘诎，日月是也。三曰形声，以事为名，取譬相成，江河是也。四曰会意，会意者，比类合谊，以见指撝，武信是也。五曰转注，转注者，建类一首，同意相授，考老是也。六曰假借，假借者，本无其字，依声托事，令长是也。"

班固、郑众和许慎关于"六书"的名称和次序不大一样，东汉以后的文字学者由此产生过种种说法，但他们都承认"六书"，在本质上各家的意见是相通的。清代以后，对于"六书"一般都采用班固的次序、许慎的名称和解释，对于"转注"和"假借"的看法仍众说纷纭。许多人认为转注和假借是用字之法，只有前四书：象形、指事、会意、形声是造字之法。

在大多数人沿用六书说的同时，也有些学者想打破六书说的框框。20世纪30年代唐兰提出把古文字的结构分为象形、象意、形声三书的主张；50年代陈梦家提出过新的三书说，主张把古文字分为象形、假借、形声三种类型；近年裘锡圭发表过表意、假借、形声的见解。

然而不管采用怎样的名称和解释，采用"三书"说还是"六书"说，其基本观点并不存在原则性分歧，汉字特有的造字方式所体现的突出表意性已被公认。

第二节　汉字的字族系统

汉字是自成系统的文字体系，它的系统性既体现在造字方法上也体现在字形发展中的分化、类化上。在汉字这个大家族中，内部成员数以万计，仅常用字就好几千，其中有一两画构成的很简单的字，也有几十笔画构成的很繁杂的字，有独体字，又有合体字。看似形态各异，难以捉摸，然而并非杂乱无章，不仅每个汉字本身都有可能溯源，而且字与字之间还直接或间接地存在着某种联系。

一、汉字家族中的母字与分化字

在汉字发展过程中，一个字演化为两个字或多个字的分化现象比较普遍，多数情况是，一个字原本代表两个或两个以上的意义，以后在使用中孳乳出新字，分担了原字的某个意义。如"又"这个字在古文字中本像右手之形，在商代甲骨文中它身兼多职，不仅表示"左右"之"右"这个本义，还可以表示"有无"之"有"，"助佑"之"佑"，"祭侑"之"侑"等引申义，也可以用"再、又"之"又"这一假借义。西周以后相继出现了"右""有""佑""侑"等字形，"右"承担了本义，"有、佑、侑"三个字形承担了引申义，此后"又"字形就只表示假借义了。其分化过程为：

$$又（本义、引申义、假借义）——\begin{cases}右（本义）\\有（引申义）\\佑（引申义）\\侑（引申义）\\又（假借义）\end{cases}$$

"又""右""有""佑""侑"几个字好比出生于同一家庭，"又"是母字，"右""有""佑""侑"属于同胞兄弟，是分化字，它们在上古时期读音相同，意义相关。

分化字与母字在形、音、义方面一般都有联系。从字形上看，分化形式多种多样，既有加偏旁，又有换偏旁，既有增减笔画式，也有变形式。上述增加偏旁的分化式，在汉字字族中最为多见，像"北"与"背"，"生"与"性""姓"，"昏"与"婚"，"共"与"恭""供"等都是利用增加偏旁分化的。一般来说，它们所增加的偏旁大都是在原有汉字中已经存在的字，例如"人"旁、"示"旁、"心"旁、"土"旁等，它们都是在甲骨文、金文中作为独体字使用过的。

"张"与"帐""胀"是采用换偏旁的方式发生分化的。"张"的本义是"张开"，引申后有"肿胀"和"帐幕"的意义，"胀"的意义和"帐"的意义最初都用"张"字表示，如《左传》："将食，张，如厕"，用"张"为"胀"；《史记》："乃以刀决张"，用"张"为"帐"。后代发生分化，用"肉"旁的"胀"表示肿胀义，用"巾"旁的"帐"字来表示帐幕义。"张"字是母字，"胀"和"帐"是分化字。此外，如"佃"与"甸"，"障"与"嶂、瘴、幛"，"澹"与"赡"等也是利用更换偏旁进行分化的。

"不"与"丕"、"小"与"少"、"兀"与"元"等都是利用增减笔画进行分化的。对于"不"的造字本义文字学界说法不一，从甲骨文来看，它主要用作否定词，在金文中又可兼表"丕"（宏大）的意义，战国时期出现了"不"下加一笔的"丕"字形，以后逐渐承担了"丕"的意义，"不"字只表示否定的词义，"不"与"丕"是母字与分化字的关系。

从以上几种不同形式的分化字例,我们可以看到,汉字的分化尽量利用原有字形,提高每个字形的表词功能是进行用字分工的重要形式,它使新造字与原有字之间保持着紧密联系,使汉字这一母系统之中形成了一个个的子系统,增强了汉字的系统性。

汉字分化是以区别异义同形字为主要目的的,一字分化成两个字或多个字,一方面从书面上区别了语言中不同的词,另一方面使汉字字数成倍合理地增加,客观上是一种有规律的造字法。比如,加偏旁式字形分化,它不仅是利用原来已存在并书写较简单的字作为偏旁,产生新字,而且是通过不同的偏旁作为各种类指性符号,使各类分化字与母字在声音上有联系、在意义上有区别,又看到各类分化字之间的联系与区别。举例说,分化字"邓"与母字"登"以偏旁"邑"相区别,以"登"的声音相联系。"邶"与"北"也以"邑"旁相区别,而以"北"的声音相联系。与此同时,分化字之间又以形旁为纽带从字形上产生了联系。在分化之前,"邓"这个国名借用"登"这个字形表示,"邶"这个国名借用"北"这个字形表示。加偏旁后,它们的类关系明显了,通过加偏旁"邑",可以显示出"邓""邶"两个分化字之间的联系。由此说明,这种加表意(类指)性偏旁的分化形式使新字大量产生以后,许多的字与字之间既体现区别,又表现联系。在相互间具有区别性特征的基础上,分化字与母字、分化字与分化字之间也都形成了有机的联系。这对于汉字的更加系统化是有积极作用的。后代新形声字的不断增加,正是人们在使用中总结了加偏旁分化现象,并发现其优越性以后,自觉运用一形一声造字的结果。

汉字系统中,与字形分化相辅相成的是字形类化。

二、汉字系统中的类化

物以类聚,客观事物是能够分出类别的,如人类、动物类、植物类、天文地理类,等等。具有直接表意性的汉字也能采用同样的分类法,据形系联,分类部居。许慎在编撰《说文解字》时,根据"以类相从"的原则,首创了按部首分类部居的方法,将9353个字分别归类排列于540个部首之下。在这部字书中除个别部首下无字外,一般来说每个部首下都统帅着一些与它所在字形和意义都有关的字。如"木"部下有"橘、橙、柚"等421个字,都与树木有关,包括树木名(松、杨、槐等)、树木的各个部位(枝、杈等)、木制品(梯、杖、棺、椁)等。各个被统帅的字与其部首在意义上的类属关系,有的比较明显、直接,有的比较隐晦、间接,例如"人"部首下收字245个,"伯""俘"等字的本义与部首"人"的意义关系比较明显,而"付""作"等字的本义与部首"人"的意义关系就比较含混。

《说文解字》以后,据形系联、按部首分类部居的方法在字典编纂中被沿用下来。现存的第一部楷书字典南朝顾野王编纂的《玉篇》采用《说文解字》部首,增加 2 部,共 542 部。明代梅膺祚编纂的《字汇》简化了《说文解字》以来的部首至 214 部。当代字典、辞书的编排体例是在按音序排列的同时,还专设按部首排列的检字法。由于汉字形体经过几千年的历史演变,古今部首的确立和归纳不尽一致,而且在立部和归部方面也存在不科学之处。尽管如此,汉字能根据字形按部首分类排列却是事实,它反映出汉字体系与其他拼音文字体系的一个重要区别。

表面看来,"以类相从"是许慎编纂《说文解字》时所遵循的原则,实际上它是汉字发展演变中的一个重要现象,因为只有字形本身具有"以类相从"的特点,许慎才有可能在编纂字典时"以类相从"。在汉字字形演变过程中,我们可以见到以下几种类变情况:

(一)按类改变结构方式

"鸡"字在甲骨文时期是一个整体象形字,像一只头上有冠,尾长,张口的雄鸡,到了甲骨文中期就加了偏旁"奚"表示读音,以后鸡形又类变为普通的"隹"字形,"鸡"字便成为从"隹""奚"声的形声字(后世"鸡"也写作"雞",简化汉字写作"鸡")。与此类似,"鸣"最初是象形的鸡形旁加一个"口",以后鸡形逐渐类变为鸟形,变成从"鸟",从"口"的"鸣"字了。

(二)按类续加形旁作为类符

"祭"在甲骨文早期字形没有偏旁"示",像手持肉(祭祀),肉旁有溅出的血点儿,是个会意字,后来开始增加偏旁"示",突出祭祀时候有神主牌位("示"的本义),在金文中"祭"字都加了偏旁"示",变为"示"类字。后代凡与鬼神、祭祀有关的字一般都用"示"作意符。

"辵(辶)"是"彳"和"止"的组合,是一个表示与行走意义有关的类符,在《说文解字》中它作为部首统帅着一些与行走意义相关的字。有些字最初并不从"辵",如"逐""追""遣"等字,都是类变后从"辵"的。如甲骨文中"逐"字,上面是"豕",下面是一只脚,从"豕",从"止"会意,表示人追逐豕一类动物,本义为"逐兽";金文中开始增加"彳",小篆中"彳"与"止"紧密相连,此后"辵"成为"逐"的类符。商代甲骨文中的"追"字,下面是一只脚,表示追逐师众之意。在金文中增加了"彳"旁,小篆中"彳"与"止"紧密结合,自此"追"字也成为在类符"辵"统帅下的一员。

(三)分门别类造新字

在汉字发展演变中,加旁式的汉字分化过程本身就伴随着汉字的类化。加偏旁分化字,许多都是根据需要分门别类造出的新字。例如"祖""神""社""祥"等字分别是"且""申""土""羊"的分化字,在本义上都属于与神主有关的类别:"祖"指祖先,"神"是天神,"社"指土神,"祥"与"不祥"被古人认为是由神带来的,所以也加"示"旁;分化后在字形上可看出它们属于同类。这说明古人造新字并不是完全随意的,而是有一定的类观念和分类意识在自觉地或不自觉地起指导作用。

在现代社会里人们的鬼神意识逐渐淡漠了,大多数人是无神论者,因此古汉字中以"示"作类符的字比例较大,而后代以"示"作类符的新造字就很少。有些类符在现代仍很有创造力,比如"气",在《说文解字》中它作为部首,下面只统帅了一个"氛"字,而现代却出现不少以"气"作为类符的字。这些新造字主要是表示在通常情况下呈气体状的化学元素。例如:氢、气、氚、氘、氧、氩、氟、氙、氨、氦、氪、氮、氰,这些新造字都统一使用了"气"作为类符,分别表示不同的气态物质,在造字之始就作了分类。

总之,无论是古代汉字演变时期的自我内部调整,还是现代造新字,都充分体现了汉字系统类别化这样一个重要特点,尽管它是粗疏的,不够精细的。

汉字发展的分化与类化,使汉字的字族系统既显得微妙而神奇,同时又具有系统性,在汉字的字形结构上也体现了这一点。

汉字的字形结构或独体或合体,合体字是两个或几个独体字的组合。一个独体字形有多种用途,可单独使用,也可作为合体字中的构件使用。以"木"这个独体字为例,在"休"字中它是会意字的一个构件,在"松"这个形声字中它作为形旁,在"沐"这个形声字中它作为声旁。一形多用,变化多端。

在汉字基本定型的情况下,同样的形体,组合时数量的多少或部位的变换,都可成为不同的字。例如,两个"木"组合成"林",三个"木"就组合成"森";"柳"和"架"都是由"木"和"加"组合而成,只是由于一个是"木"在左,是左右结构的组合方式,另一个是"木"在下,是上下结构,就成为两个不同的字。

在形声字中,能够作为意符的偏旁,大多数可以在另一些字里当声符使用。例如,"金、木、火、土、山、石、足、羊、马"等,可当意符使用,也可当声符使用。"金"在"铜、铁、锡、钟"等字里是意符,在"钦、锦"等字里是声符;"木"在"桃、杨、樟"等字里是意符,在"沐、蚞"等字里是声符;"火"在"焰、烧、烤"等字里是意符,在"伙、炑"等字里是声符;"土"在"堤、坝、堡"等字里是意符,在"杜、肚、吐"等字里是声符;"山"在"峰、峻、岭"等字里是意符,在"仙、讪、疝"等字里是声符;"石"在"磨、碾、砖、砚"等字里是意符,在"跖、鼫"等字里是声符;"羊"在"羚、群、羢"等字里是意符,在"洋、详、佯"等字里是声符;"马"在"驰、驾、驶"等字里是意符,在"蚂、妈"等字里是声符。

汉字的分化、类化以及字形结构上的特点,使许多字在形、音、义方面形成了各种各样的有机联系,汉字也因此成为世界上众多文字中一个庞大而微妙、成系统、有规律的特殊大家族。

第三节 汉字的构词力

词是语言的建筑材料,是代表一定意义的具有固定的语音能够独立运用的最小结构单位。汉字是记写汉语词、表现汉语词的,从书面看,汉字和汉语的词不能完全对应,字与词有时是对等的、一对一的,有时却是不对等的:是二对一或多对一的。汉字中的字既不同于拼音文字中的字母,也不同于拼音文字中的词,拼音文字中的词虽是由字母组拼而成,但一个字母(或两三个字母)只能表示一个音素,一般不能代表意义,词才能代表音节和意义。对于使用汉字汉语的人来说,字与词是有区别的,而对于使用拼音文字的人来说,只有字母与词的区别,不存在字与词的区分问题。

汉字中的"字"是汉民族文化中的一个特有概念,一个字代表一个音节,多数情况下具有意义。汉字的构词能力很强,常用字中有的一个字就能构词几百个,这主要在于汉字的构词具有灵活性。

一、字与词的对应关系

汉字记写汉语词的形式从古到今主要有以下两种:一种是一个字记写汉语中一个词,即一对一;一种是两个字或多个字记写汉语中的一个词,即多对一。由于一个字一般是代表一个音节的,因此在以单音节词为主的古代汉语中,多数情况下一个字就是一个词。随着汉语的不断发展,汉语词汇的不断丰富,双音节词便相应增多,单音节词也依然存在,此时字与词的对应关系就发生了一些变化,有些在古汉语中一个字代表一个词的,到现代汉语中则是两个字搭配在一起表现一个词。例如"察"字,其基本意义是观察,仔细看,《周易·系辞上》:"仰以观于天文,俯以察于地理。"引申后有考察的意义,《韩非子·外储说左上》:"夫信不然之物而诛无罪之臣,不察之患也。"两处用到的"察"都是一个字表示一个词。这时我们可以把"察"称为"词字"。在现代汉语中"察"字的基本意义未发生变化,但使用时一般要与其他字搭配,大多数情况是两个字表现一个词,如"观察、考察、视察、侦察、察觉、察看"等,这里的"察"我们可以称之为"词素字"。

　　"基""预""警""奋""愤""践""范"等字与"察"字表词的变化情况差不多,它们在古代汉语中一般作词字,在现代汉语中则成了词素字。这些字现在基本上不单独使用,与不同的字搭配时,可表现意义相关而又有所区别的不同的词。例如,"基"与不同的字组合,组成"基础、基本、基地、基调、基石、基金"等词语。在这些复合词中,"基"字原有的意义依然保留着。"预"字在其他字组成的复音合成词中充当语素时,也十分明显地保持着"预先、事先"的意义。"预备",意思是事先准备;"预定",是事先规定或约定;"预断",意识是预先断定;"预防",意思是预先防备;"预感",意思是事先感觉;"预告",意思是事先通告;"预习",是事先自学将要讲到的功课。

　　其他词素字也是如此,它们在不单独使用时,原有的意义并未消失,而且有很强的表现力。词字转变为词素字,可以用多种组合表词。这在一定程度上提高了汉字的效用,也就是说,可以用较少的字去表示较多的词,其结果是用字量减少,构词量增加。词素字本身所体现的是,一个字不等于一个词,而主要是两个字等于一个词。

　　在现代汉语中,一个字代表一个词的词字依然不少,如"拴""捂""踩""踢"等字。这些字所表示的仍是一个字等于一个词。据统计,现代汉语的单音节词有两千来个,所占总字量不多,但使用频率很高,在各类文体的报刊、书籍中,单音词平均占50%左右。

　　在汉语中有一种半词字,这些字只有在两个(或两个以上)字搭配在一起使用时,才具有意义。例如"葡萄""彷徨""玻璃""崎岖"等,拆开以后只能代表音节,不能代表意义,合在一起时表示汉语里一个复音节单纯词。从形式上看,半词字与词的对应关系与词素词相同,也是两个或几个字等于一个词,但二者本质上有所区别。词素字独立时具有意义,与其他字组合后成为具有两个(或两个以上)词素的合成词,而半词字组合后只成为具有一个词素的单纯词,分开时则无意义,而且不像词素字那样具有灵活的构词能力。

　　在汉字系统中,只能做半词字的字是有限的,大多数常用汉字既能做词字,也能做词素字和半词字。

二、汉字的基本表词功能

　　许多汉字一字多能,在不同情况下可分别作词字、词素字、半词字。例如,"她买了一件新衣服"中的"新"是词字,"新奇、新鲜"中的"新"就是词素字,"新西兰""新加坡"中的"新"是半词字。"年纪大"中的"大"是词字,"大致""扩大"

中的"大"是词素字，"大卫""意大利"中的"大"是半词字。

一些汉字在现代汉语中不能做词字，但可以做词素字、半词字。例如"坦"在"坦诚""坦白"中作词素字，在"坦克""巴基斯坦"中是半词字。

古汉语中的许多字词，在现代汉语中作为词素字使用时，有很强的构词力。例如"失"可以构成"失败、失策、失察、失常、失宠、失传、失聪"等一大批词。与"失"相应的口语词"丢"，也能作为语素构词，但构词能力要弱得多。

总而言之，汉字系统中的一个字大多具有多种表词功能，构词力强，在不同的情况下能发挥不同的效用。汉字在使用上的灵活性不仅表现为一字多能，而且表现为构词时位置灵活，搭配灵活。

第三章 汉字的性质和结构

第一节 从图画文字到形声文字

图画文字是图画性很强的早期的象形文字,"逼真"是它的特点。甲骨文、商周铜器铭文就有不少是图画文字。例如"象"字,如同一头大象的样子,"鸡""鱼"画出一只鸡和一条鱼的图形,都和实物非常相似。这种文字虽然可以把自然界的实物描绘出来,但是使用起来却非常不方便。为了便于实用,人们就把这些繁复的不易书写的图画文字简单化,保留它所代表的事物特征的部分,省略那些不必要的部分,也就是说,减弱它的图形作用,强化它的符号作用。这就是象形字。

象形字既然"象实物之形",这个特点决定了光用象形这个办法创造符号来满足记录语言的需要显然是不可能的,一则不是所有具体的事物都可以创造一个象形的符号,二则那些代表抽象概念的词,只有语法意义没有词汇意义的虚词更不能用这种方法表示。于是,就要想出其他补救办法。

第一,创造"指事"字和"会意"字。如"上""下"是比较抽象的概念,就用一条弧线表示界限,一点儿在上面就是"上",一点儿在下面就表示"下"。这就是所谓的指事。人们就用这两个符号分别记录、表达抽象概念"上""下"这两个词。又如"圍(围)"表示的是一个比较复杂的概念,要造一个形象化的独体的象形符号是比较困难的,于是就用口和止这两种象形的符号组成一个复杂的符号,口表示城邑,城邑四面各画一个止("足"的象形),表示四周围有许多人绕着来回走,包围着这个城邑。人们就用这个符号代表语言里的"围"这个词。这就是"会意"。

第二,只有语法意义没有词汇意义的虚词不能"象形",就借用已经造出的声音相同或者声音非常相近的一个象形字当作纯粹表音的符号使用。例如,在甲骨卜辞"贞兹云不其雨"中,"其"就是一个表示疑问语气的语气词,只有语法意义,不能"象形",不能"指事",也不能"会意"。

第三,实词中也有许多不能用象形、指事、会意这类具象的表意方法来表达的意义。比如,有无的"无",用既有的象形、指事、会意之类具象的表意方式难以清楚表达意义,甲骨卜辞中就借用读音相同的(古代"亡""无"同音),原本记录"锋芒"意义的指事字"亡"来表示"无"的意义。

第四,具体的事物虽然可以用象形的方法创造形象化的符号,但有时候这个符号只能画出某一类事物的共性,并不能画出个别事物的特性,因为文字只是一种符号,它不同于绘画,不能细致地把每一个事物的细微差别都描画下来。例如,犬和狼的样子是差不多的,如果都用象形的办法创造符号,那么,这两个符号必然也是差不多的。为了把这两个符号区别开来,其中的一个就必须加上点什么。而最简便和最妥善的办法就是添加上一个标音的符号,如"狼"原本是个象形字,字形描绘出狼的样子,为了和狗相区别,增加声符"良"。从犬,良声的形声字"狼"就是根据这个原则创造出来的。

第五,语言逐渐往前发展,反映着社会生产和社会生活的变化的新词不断增加,已有的象形、指事、会意、假借这几种方法如果不能满足造字的需求,那么就只能借助已经造出来的读音相同或相近的字形来临时记音。这种借读音相同或相近的字形来记录语言中的新词的现象就是假借。为了把本来的意义和字形假借表示的意义区别开来,就在假借字形上添加表示意义类别的符号,或者增加提示读音的符号,构成以原来的字形为声符或形符,一半表形,一半表声的形声字。

总体来说,象形字是"画成其物"的一种符号,这个特点决定了它本身具有很大的局限性,不能满足记录语言的需要。指事和会意虽然可以解决一部分问题,但是它们所能创造的符号很有限,使用象形的方法不能够解决它们也不能全部解决。假借的应用缓和了不标音的表意字和它所负担的表达有声语言的矛盾,为象形字、指事字、会意字开辟了广阔的天地,为它们打破形体的限制,使得它们的任何一个符号都可以代表语言里任何一个词,只要它声音相同或者非常相近。但是假借又造成同形、同音、异义的矛盾。这又使得不标音的会意字和它所担负的职务的矛盾逐渐激化,激化及解决的结果就是形声字的产生。

第六,形声字的形成,大致又可分为下列几种途径:

(1)象形字和另一个象形字非常相似,容易认错读错,于是在这个象形字的旁边增加一个表示读音的符号成为形声字。例如"鸡"原本是一个象形字,外形和表示鸟的"隹、鸟"等象形字混淆,于是就添加了一个声符"奚",变成从鸟(或从隹),奚声的形声字。

(2)某一个象形字、会意字或指事字,因为声音相同,被借来表达另一个词,造成"一词多义""一义多形"的现象,为了区别同音字,在被借字或借字上加注一个义符,造成一个新字。例如"其"("箕"的象形字)借作语气词和代词后,加注义符"竹"变成"箕",从"竹","其"声。

(3)形声造字法出现以后,原本已经造出来的汉字改造成形声字。例如,"凤"原本是象形字,后加声符"凡"转化为形声字。"创"原本作"刅"为指事字,后加声符"仓"变成形声字;"羴"原本是会意字,后来变成从"羊","亶"声的形声字。

(4)某个形声字被借来表达另外一个词,在被借字形上增加表示意义类别的义符构成一个新的形声字。例如罔("网"的形声字,从"网","亡"声)是"网"比较古的写法。"罔"假借为"无"后,加上义符"纟",造成"網",从"纟","罔"声。又如"蜀",从虫,原本是"蠋"的象形字,假借为地名后,另外造了一个"蠋"字,从虫,蜀声。

(5)社会生产力不断发展,某种用具的材质发生了变化后,文字有时就反映出来。例如,两周是青铜器最发达的时代,所以铜器铭文里出现大批从"金"的形声字。盘,金文中又写作"鎜";管又可以写成"琯",从玉,官声,"琯"就是用玉料制管后所造的新的形声字。

(6)简化形声字的音符或义符造成新的简体形声字。例如"膠"简化为"胶,从月,交声;"襯"简化为"衬",从衣,寸声。"渖"简化为"沈",从水,冘声。

有标音成分的形声字的产生是汉字冲破"画成其物"的限制,是造字方法上的一个突破。形声字的结构形式是义符表示类属或意义,音符表示读音。这种标注读音的结构使得形声字在汉字发展史上占有极其重要的地位。形声字是以象形为基础的,形声造字法出现后,新的汉字符号就可以不断地、大量地创造出来,充分满足记录语言的需要。正如郑樵所说,"形不可象,则属诸事,事不可指,则属诸意,意不可会,则属诸声,声则无不谐矣。"

形声字一出现就立即取得了绝对的优势,不但新造的字大部分都是根据一形一声的原则创造的,而且许多象形字、会意字、指事字都改造为形声字。从甲骨文到现在使用的简化汉字,四千年来,形声字由20%增加到90%以上。这个事实最有力地说明形声字始终占着绝对的优势。

第二节　利用部首探求本义范畴

一、部首的创立与分析

（一）部首的创立

1.许慎与《说文解字》

汉字部首的创立,要归功于1800年前东汉时期的许慎。许慎,字叔重,汝南召陵人(今河南省郾城县)。许慎年轻的时候博览经籍,当时的人称其为"五经无双许叔重"。许慎曾经做过郡里的功曹。地方推举为"孝廉",升迁为洨县的长。许慎又曾做过太尉南阁祭酒,所以人们又称他为许祭酒,或许洨长,老于家中。

西汉武帝时期,学术上"罢黜百家,独尊儒术",设立五经博士,从此奠定了儒学在中国学术思想史上的主导地位。"五经"是指代表儒家学说的五种传世经典,它们是《诗经》(当时有《鲁诗》《齐诗》《韩诗》三种)、《书经》(即《尚书》)、《易经》(《周易》)、《礼经》(本来只有《仪礼》,后来又增加了《周礼》《礼记》,合称为"三礼")、《春秋经》(注本有《公羊传》,后来增加了《左氏传》《穀梁传》,合称为"春秋三传")。儒学是指以孔子、孟子为代表的儒家学说,其核心思想是仁和义。孔子提倡仁,孟子则强调义,儒家用仁和义作为人们行为规范的最高准则,并宣扬王道思想。汉武帝时,经书是用汉初通行的隶书书写的,后来人们称之为今文经。武帝末年,从孔子旧居墙壁中得到用所谓的古文书写的《尚书》《礼记》《春秋》《论语》和《诗经》。

河间献王(汉景帝之子)又从民间征集到先秦古籍,也是用古文书写的,后来称之为古文经。西汉时,今文经立于官学,古文经则为私学。西汉末年,展开了一场在我国学术史上影响很大的今古文经学的争论。这场争论一直延续到东汉末。争论的焦点在于今文经和古文经哪一种更为真实可靠,如何看待阐释这些儒家经典,乃至于如何看待孔子的问题。在许慎看来,欲想明经,必先识字。而当时一些人对待前代古文的态度是:"世人大共非訾,以为好奇者也,故诡更古文。乡(向)壁造不可知之书,变乱常行,以耀于世。诸生竞逐说字解经,喧称秦之隶书为仓颉时书,云父子相传,何可改易。乃猥曰:'马头人为长','人持十为斗','虫者,屈中也'。廷尉说律,至以字断法。苛人受钱,苛之字,止句也。"像这种样子的人很多,都不符合孔子壁中古文和《史籀篇》上的文字。那些"俗儒鄙夫,玩其所习,蔽所稀闻,不见通学,未尝睹字例之条,怪旧艺而善野言,以其所知为秘妙,究洞圣人之微旨。"由于这些人不懂文字的条例,且"迷误不渝",因而随意解释经书,基于这种情况,许慎因著《五经异义》以辩证之,又作《说文解字》。所以,许慎著《说文解字》的目的,就在于探求每个字的本源,字的形、音、义的由来以及三者之间的关系,以便于正确理解经书的真正含义。许慎说:"盖文字者,经艺之本,王政之始,前人所以垂后,后人所以识古。"可见,许慎对于文字重要性的认识。

据许慎《说文解字后叙》和其子许冲《进说文解字表》所说,许慎于汉和帝永元十二年(公元 100 年)开始著《说文解字》至许冲于汉安帝建光元年(公元 121 年)献书,前后历经 22 年之久,耗费许慎半生的心血,终于完成了这一不朽的文字学著作。

2.部首的创立和编排原则

部首是许慎通过对 9353 个汉字小篆的形体结构,结合字义的分析研究,归纳出 540 个部首,每部立一字为首,这就叫作部首,用以统摄所有汉字,部首是许慎的独创。在许慎《说文解字》之前的所有字书,其编排是杂乱无章的。大抵上都是杂取所需之字,根据生活内容相关容易记忆为韵语,每句四字或七字,以便教蒙童识字。至于字形、字音与字义之间的联系,毫无关涉。而 540个部首创立以后,"分别部居,不相杂厕",使字书的编排呈现出严密的逻辑性和科学性。所以清代学者段玉裁誉之为:"五百四十字可以统摄天下古今之字,此前古未有之书,许君之所独创。若网在纲,如裘挈领,讨原以纳流,执要以说详。与《史籀篇》、《苍颉篇》、《凡将篇》杂乱无章之体例不可以道里计。"

许慎编排 540 个部首及每部所属之字的原则,在《说文解字后叙》里讲得很清楚:"其建首也,立一为端,方为类聚,物以群分;同条牵属,共理相贯,杂而不越,据形系联,引而申之,以究万原;毕终于亥,知化穷冥。"就是说,全书以一为开始,按照意义相同或相近,形体相关编排 540 个部首,然后再按同样的原则排列每部所属的字,最后终于亥部。

540 部首"始一终亥"的这种编排次序,体现了《说文解字》一书严密的逻辑性。在内容上来看,不仅体现了许慎所认为的客观的万事万物循环往复以至无穷的循环论的哲学观念,而且也反映了许慎在逻辑上求其该备,意味着将来文字还会"孳乳而寝多"的逻辑思想。在先秦两汉的一些思想家们看来,一是万物之始,天地万物都是从一衍生出来的。许慎解释说:"一,惟初太始,道立于一。造分天地,化成万物。"老子则说:"一生二,二生三,三生万物",都是这种思想的表现。而亥则有"终而复始"之义。许慎解释说:"亥,荄也。十月,微阳起接盛阴,……亥而生子,复从一起",也即壬下所注"阴极阳生"之义(极是尽的意思)。所以"亥而生子,复从一起",就是指阴阳交接,周而复始,每一次循环,都有无数新的事物产生。这就是 540 部首"始一终亥"编排的哲学思想和逻辑思想基础。

(二)《说文解字》分部剖析

《说文解字》540 部首的分部,只要细加研究,就不难看出,许慎虽然总体上遵循的是按字的义类分部的原则。然而,在具体分部上,有些却也是照顾到字形的相关而分的。甚至可以说,《说文解字》的分部遵循了二重性原则。现详细分析如下。

1.按字的义类分部

按字的义类进行分部,这是许慎创立 540 部首的主要依据和原则。就是说,《说文解字》540 部首绝大多数是根据这条原则分出来的。例如,示部收 62 字(不包括新附字),这些字的意义都与部首字示有关联。《说文解字》云:"示,天垂象,见吉凶,所以示人也。从二(古文上字),三垂,日、月、星也。观乎天文,以察时变。示,神事也。凡示之属皆从示。"

许慎根据小篆的形体,用两汉时天人感应的思想,分析示字的构成,是不符合示字构成的原始的理据的。示字的初形乃像举行宗教祭祀的祭台之形。但许慎解释示字的意义为"示,神事也",却符合示字的本义。所以,示部所收的 62 个字,其意义或为神事的方式,如祭、祀、褅、祫、祼、祝等字;或为神事之物,如礼、祖、祐、社等字;或为神事之对象,如神、祇、视等字;或为神事的种类,如祓、祈、祷、禁、禳等字;或为神事之态度,如祗、斋、禋;或为神事之引申,如祜、福、禧、禄、祯、祥、祐、祸、祟、祆等。总之,这些字的意义皆与神事有直接而又密切的关联。所以,分出一个具有原初神事意义的示部,毫无疑问,是根据字的义类也即"分别部居"的原则分出来的。许慎说,"凡某之属皆从某",所指的就是这种关系。

又如,口部,《说文解字》:"口,人所以言食也。象形。凡口之属皆从口。"口的作用主要有二:一是说话,二是吃饭。所以,凡从口之字皆与口有关系。或为口的部位、形状长相,如喙、吻、喉、咙等字;或为口的动作行为,如呱、吐、咽、吹、嘘、哈、嗌、咳、咀、吮、吸等;所以,口部是按字的义类关系分出来的。

又如,心部,《说文解字》:"心,人心,土藏,在身之字。象形。博士说,以为火藏。凡心之属皆从心。"心,本是人或动物躯体的器官之一,它的功能主要是进行血液的新陈代谢和为血液循环提供动力,这是现代医学的认识。但是,在古代人看来,心的功能主要是用来思考。孟子说:"心之官则思。"所以,把人的思想、感觉、感情、情绪、认识等方面的行为表现统统属之于心。在语言中,"心思"、"心想"、"心情"、"心意"、"心态"等词语都是这种认识的具体反映。在汉字中,也得到大量表现。如表示思维活动的有思、想、虑、忘、念、怀、惟、悟等字;表示感觉、感情的有感、惭、愧、愉、悦、快、恨、憎、恐、惧等字;表示情绪心理状态的有慷、慨、愤、潡、忧、愁、恤、怠、慢、忧、忠等字。这些表示人的思维和心理活动的字,古人认为都是心的作用,因而皆从心,许慎于是分出一个心部。

按字的义类分部,是《说文解字》分部和收字的主要依据和原则,是《说文解字》一书的主要特色,与《说文解字》探求所谓字的本义的性质相一致。但是,《说文解字》在主要按字的义类分部的同时,又遵循了按字形的相关联进行分部的原则。

2.按字形相关分部

按字形的相关分部,是指根据某些字之间有相同的部分但意义未必相关,因而就把这相同的部分分出来作为部首。

例如,《说文解字》一部之后紧接着是上部,古文作二。部中所收帝、旁、下三字,只因其字开头二画都从二。其实,即以小篆形体而言,帝字是独体象形字,乃像花蒂之形;旁字除了声符方,其余的部分也是个整体,不能分析为从二(上);古文"下"字和上字的写法相反。所以,上部分出只是因为帝、旁、下三字(包括上字在内)都含有二这个相同的部分,所以许慎才将这几个结构本不相同的字归入上部之中。对分部和字形结构的分析,均据大徐本《说文解字》。

三部,《说文解字》:"天地人之道也,从三数。凡三之属皆从三。"(卷一)虽然《说文解字》云:"凡三之属皆从三",但三部之下并无属字。在三部之上是示部,示字上从二;三部之后是王部、玉部。王和玉字中都包含有三横,说明三部是据字形相关分出来的,属于"据形系联"的过渡性质的部首,因而部下并无属字,其实不必分出三部。因为王部、玉部可看作独体结构,其意义皆与三无关。《说文解字》中还有不少同体相合为部的字,也即所谓的同体会意字,其实也是据字形相属而分出的部。玨部,《说文解字》:"二玉相合为一。"(卷一)玨部接在玉部之下,部中所收的班等二字,其字义皆与玉相关联。所以,据字义类属关系看,玨、班等字都应归入玉部,不必再据形分出玨部。类似的还有吅部、朋(qú)部、丽(bì)部、雔(chóu)部,有些可作为部首,更多的则没有必要。别的还有林、从、卯等19部(见《说文解字》部首表)。有时,为了"据形系联",许慎不惜拆散字体,强分出一些部来。如辵部,《说文解字》:"安步辵辵也,从彳从止。"(卷二)之所以分出这个辵(chǎn)部,只因为有一个延字从之。其实,延字可以归廴(yǐn)部。《说文解字》:"延,长行也,从延丿声","廴,长行也,从彳,引之"两字字义相同,形体只有繁简之分。所以,可归廴部,不必把延字上部分拆散分析。

类似的还有丨部、凵(kǎn)部、冂(jiǒng)部、巧部、冃部、田部、互部、乔部、巛(kuài)部、丸部、丿部、厂(yǎn)部、乁(yí)部、乚(yǐn)部、录部、率部以及卷十四中的数目字四、五、六、七、九,以及天干地支之字部中有的也不应分。因为部下皆无属字,这些字可设一个杂部收之。

有些部首字字义相同,字形相近而分为二。根据编排的位置来看,显然也是据形分的部。例如,辛(qiān)部,《说文》:"罪也,从干二,二,古文上字。"(卷三)辛部接在音部之下,只因音、妾、童三字字头皆有个相同的立,所以才分出辛部来的。其实,音字的上部本从言,童、妾二字上部本从辛,意义并不相同。辛部所收的几个字,也都有"罪也","犯法也"等意义,与辛部所收之字属同事类(均见《说文解字》),可证辛和辛本是一字。甲骨文、金文正是一字,本是古代在犯人脸上刺字的一种刑具,所以,从辛而构的字皆有"犯法也""罪也"等意义。《说文解字》则据字形分为两部。综合《说文解字》据字形相关分部的情况,可以概括为两大类:一类是拆散某些字的结构(含部首),取出相同的部分立为一部。大抵上结构简单,没有隶属字,或部首下仅收一两个字,或部首字的意义与部中字的意义相同者,均属这一类。如上文所举的丨部是从中部拆出,凵部是从口部析出,冃部是从门部衍出,等等。另一类是合体部首字,所谓合体部首字,是指把由已有的两个以上部首字构成的合体字作为新的部首,这也是据形分出来的。如半、告、哭、共、教、死、鼓、明、饮等,以及同体相合或同体三合迭或四重迭的部首字,基本上都属于这种情况。

同体相合的部首字,如二个玉、二个邑、二个口、二个言、二个爻、二个目、二个百、二个隹、二个幺、二个虎、二个木(林)、二个夕(多)、二个禾、二个尤、二个人(从)、二个反人(比)、二个背人(北)、二个见、二个卩(卯)、二个山、二个犬、二个火、二个立(并)、二个水、二个弓、二个糸(丝)、二个虫(昆)、二个阜、二个辛、二个干、二个氏。同体三迭的部首,如三个口(品)、三个十(卉)、三个羊(羴)、三个隹(雥)、三个又、三个日(晶)、三个人、三个毛(毳),三个火(焱)、三个心、三个泉、三个鱼(鱻)、三个虫(蟲)、三个土(垚)、三个力(劦)、三个子。但是,同样是三个同体的字,如磊、矗、森、犇、鑫、毳等,却没有作为部首字对待。同体四重的部,如四个屮、四个口、四个工。同体相合(迭)的计有52部。

当然,有些合体部首字是可以作为新部首分出的,某些同体相合的字如卅、羽等是可以作为新部分的,但绝大多数是多余的。这些部中所收的字皆可归入相应的独体部首之中去。如果剔除以上所说的两大类完全据形分出的部,真正具有客观事物类属性质的原初部类至多在300个左右。由于《说文解字》的分部遵循了二重性原则,所分出的部必然是不尽合理的,因而,有重新整理之必要。对此,宋人已有察觉。陆游在杨时《字说辨》跋语中说:"叶适《石林燕语》曰:'凡字不为无义。但古之制字,不专主义,或声或形,其不一。……许慎之《说文解字》,但据东汉所存,以偏旁类次,其造字之本,初未尝深究也。"所谓"以偏旁类次",就是指《说文解字》的分部有时仅仅考虑到字形偏旁有相同的部分,因而就分出一个部首来,忽略了"造字的本"。这个本,就是造字的理据,也即字的灵魂——意义。也就是说,某些所谓部首字的音和义,许慎的解释很牵强,其实不能独立成字。

二、部首的性质及功能

(一)部首的性质

部首的性质,许慎在其《说文解字后叙》中有一段至关重要的话。其辞云:"其建首也,立一为端;方以类聚,物以群分;同条牵属,共理相贯;杂而不越,据形系联。引而申之,以究万原,毕终于亥,知化穷冥。"其中,"其建首也,立一为端",是说《说文解字》一书建立部首,是以一作为部首字的开端。因为一作为部首字来讲,不仅结构最简单,而且还寓意着一是万物之本原、万物之始的哲学含义。而许慎作《说文解字》的目的,就是要探究万物(汉字)的本原的。所以,部首字也必然以一为开端。"方以类聚,物以群分",是说世间万事万物包括人类本身,都是以类相聚,按群相分的。汉字也是同样的道理,凡表示同类事物的字,则都有一个共同的或相关的书写符号。这共同的或相关的书写符号,就是部首。因此,在编排上,凡义类相同相关涉的字,都收在一个部首之下,凡义类相近的部首都编排在一起。这样,就体现出世间万物以类相聚、按群相分的特点。"同条牵属,共理相贯",是说《说文解字》全书都是按照义类相关涉的字相互联结着编排在一个部首之下这样一条原则,每部的字也都按同样的原则编排。"杂而不越,据形系联",是说汉字虽然字数众多,且形体千姿百态,但按照以上的原则将其定位、收字和编排。并按照其形体相似系联起来,就不会发生越位,也即各得其所。"引而申之,以究万原",据部首字的意义引申开去,就能探究万事万物以及万字的本原了,也即能探究事物和汉字构造的发生与发展了。"毕终于亥,知化穷冥",是说所有的部首乃至所有的汉字都终于亥字,由此可以尽知万事万物所遵循的规律了。

在这一段话中,许慎着重阐述了部首的重要性,以及他分部、编排部首、部首下收字的原则。可以看出,在许慎看来,部首是世间万事万物的符号化,是万字之原,只要掌握了部首,就能掌握世间的所有汉字,并能驾驭其变化和相互间的联系,因而也就明了世间的一切事理。所以,了解部首,对于掌握所有汉字来说,是至关重要的。因为部首字基本上是独体的文字,所以,可以设想它们很可能是最早创造出来的文字符号。因此,后之学人有把部首看作字原,就是这个道理吧。但是,汉字自秦汉隶变而至魏晋楷化以后,汉字的字体发生了很大的变化,汉字的部首也同样。不过,到梁陈间的顾野王编《玉篇》时,他所遵循的仍是造字法原则的部首。就是说,部首之下所收的字,不仅结构中包含部首字,更重要的是,字的意义也与部首所代表的意义有着密切的联系。例如,尚,《说文解字》:"曾也,庶几也,从八尚声。"《说文解字》归八部,而《康熙字典》等从小部,"尚"之"曾也","庶几也"诸项意义与"小"毫无关涉。部首性质的这种转变,导致了同一个字在不同的字书中归不同的部首之下的分歧现象。这种按起笔的结构归部收字的情况,在《说文解字》和《玉篇》以后的字书中较为普遍。一方面给人们查检汉字带来方便,另一方面给人们学习汉字,准确理解、掌握每个汉字的基本意义,又造成了一定的困难。这就是造字法原则的部首与检字法原则的部首的差别。

（二）部首的功能

自东汉许慎发明并创立部首之后,部首的巨大功能就展现在世人的面前,表现出诸多效用来。

第一,对汉字进行定位的功能。部首的这一功能,在其创立之时起就充分地显现出来。我们知道,在许慎创立540部首以前,汉字是杂乱无章地被编排在字书中。如传说中的周宣王太史籀著大籀十五篇,即《史籀篇》,《汉书·艺文志》说是"周时史官教学童书也,与孔氏壁中古文异体"。西汉时,把秦李斯的《仓颉篇》、中车府令赵高的《缓历篇》和太史令胡毋敬的《博学第》三本字书汇编成一本,以十个字为章,分五十五章,计3300字,名为《仓颉篇》。西汉武帝时,司马相如作《凡将篇》,汉元帝时黄门令史游作《急就篇》,汉成帝时将作大匠李长作《元尚篇》,扬雄作《训纂篇》,八十九章,共5304字。就现存的《急就篇》来看,其编排体例是以三字、七字为一句,或四字的,大多押韵顺口,以便于记诵,都是关于人和事物名称、性质之类的字,也属于童蒙识字课本一类的字书。所以,王力说"小学"的最初意义就是童蒙识字课本[①]。

许慎《说文解字》创立部首,以540部首统摄9353个篆字,使汉字字书的编排形成一个有系统的体例。所以,段玉裁称之为"此前未有之书","若网在纲,如装挈领",与"《史籀篇》、《仓颉篇》、《凡将篇》乱杂无章之体例不可以道里

---

① 王力《中国语言学史》页7下

计。"①这种按部首对汉字进行分类、定位、编排字书的方法，虽然后世略有改进，然其基本方法，却一直沿用至今，未发生根本变化。

第二，创制和改造新旧汉字的功能。在许慎创立部首之前，人们就早已自觉不自觉地在运用"部首"作为造字元素不断地创造新汉字了。只不过在那时人们头脑中还没有"部首"这个概念，是许慎第一个发现了部首的客观存在，首先提了出来，并自觉地运用了。例如，商、周时契刻在龟甲兽骨上的甲骨文和铸刻在青铜器上的金文等，绝大部分都可以按照小篆的部首对它们加以归类编排。孙海波的《甲骨文编》、容庚的《金文编》等，都是按照《说文解字》的部首编排的大型字书。因为在理论上，汉字特别是古汉字是客观事物的符号化，只要客观世界存在某一事物，在古汉字中就都能得到相应的反映。也就是许慎所说的"古者包牺氏之王天下也，仰则观象于天，俯则观法于地，视鸟兽之文，与地之宜，近取诸身，远取诸物，于是始作《易》八卦，以垂宪象"，"黄帝之史仓颉，见鸟兽蹄远之迹，知分理之可相别异也，初造书契"，"仓颉之初作书，盖依类象形，故谓之文"②。用这种方式创造出来的文字，一般叫原始象形字。这些原始象形字，是创造复杂文字的基本单位，大多也就是《说文解字》所归纳出来的部首。后来，人类认识事物、表现事物的能力不断提高，便进一步主动地运用部首字创造出表现更加抽象事物的复杂汉字。现代汉字系统的第二层级体系包括由笔画所构成的偏旁、部首字以及其他能作构字材料用的构件，又能作复合汉字的构件，所以，这些构件的功能就具有二重性：既具备独立汉字的一些功能，又具有构件所具有的功能，这是第二层级体系所特有的功能，构件的内部功能主要表现为表形表义和标音表义两个方面。

部首作为独立汉字而具有的功能，可以被称为汉字体系的外部功能或社会功能。该功能是在汉字系统之外，汉字与客体的各种关系，即汉字在反映客观现实记录语言方面所具有的功能。概括地说，有直接反映客体、记录语言、反映思想、促进思维、加速智力开发、超越时空的交际、现代化信息传递等功能。

下面我们着重讨论部首作为创造新汉字和整理旧汉字的基本构件的繁殖功能。

第一，表形表义功能部首的表形表义功能，是指在新汉字中，部首所起的标明新汉字的意义类属或意义范畴的功能。

例如：子，是《说文解字》的部首之一，本像裹在襁褓中的幼子之形，即婴

---

①　段玉裁《说文解字注》

②　许慎《说文解字叙》

儿。用"子"这个部首构造的新汉字,如孩,《宋本玉篇》子部云:"幼稚也",说明"孩"字所表示的乃是幼小的人,与部首"子"正相同,这就是部首"子"所起的作用。而幼子之所以又命名为孩,则是由另一部首"亥"所起的表音作用决定的。《说文解字》卷十四"亥,像裹子咳咳之形。"是说裹在襁褓中的幼子常会发出咳的笑声,所以,就将幼子命名为"孩",以 hái 这个语音形式来表示幼子之义。这同时又说明部首在创造新字过程中的另一创造作用,即标音表义作用。

又如,《说文解字》欠部收 64 字,其字的意义皆与欠"张口气悟也"之义相关。《宋本玉篇》欠部收 148 字,除了与《说文解字》相同的 64 字外,又创造了 84 个字,这些字的意义范畴也都和欠(口的动作)有密切的关联。

部首的表形表义功能不仅表现为创造新汉字,还表现在整理改造旧汉字的社会实践之中。在整理改造旧汉字时,人们为了使汉字的形体结构简单,易写易认,经常采用的方法之一,就是用形体较为简单的部首去替换一些形体较为繁复的部首,从而实现简化汉字的目的。

例如《说文解字》部首中存在为数不少的同体拼合、叠合、四叠合的部首字,在本章第一节的《说文解字》分部剖析中,已经指出其分部的不合理性。实践证明,这些部首的分出的确是多余的。于是,在整理改造汉字的过程中,人们往往改用独体的部首去替换那些二合、三合甚至四合的部首。如用虫(huǐ)部去替换蚰(kūn)部或虫部的某些字,蛾、蚊、虹和蛊等字皆是。

此外,还用虫部去替换其他邻近类属的较为繁难的部首,从而造出一些形体相对简单的字来。如用虫部换黾部造出蜘、蛛、蛙三字。用隹部替换三个隹的部,从而造出"集"字,等等。用形体简略的部首替换其他部首的字还有:用丁部替换登,而造"灯"字;用乙部替换意而造出"亿"字;用中部替换重、童而造了"种""钟";用月(肉)部替换骨而造了"脱"字;用从鱼和羊的鲜字代替从三个鱼的字,用从米和且的粗字代替从三个鹿相迭的粗字,等等。这里,有些形体简略的部首替换后还是作为部首来用,有些则是作为一般构件来使用。

第二,标音表义功能。部首字在创造新字和整理改造旧汉字使用过程中,除了可用来表形表义而外,还可被用来表示读音。这样一来,汉字构造的基本构件的数量就大大减少了。宋郑樵《通志・六书略》"子母论"一文的统计,在整个汉字中,作为读音用的基本汉字有 870 个,作为表形表义的基本汉字有 330 个,合计 1200 个,几万乃至无穷的汉字就是由这些基本汉字的不同组合而创造出来的。当然,表形表义和标音表义的基本构件也有一部分是重合使用的。

郑樵把 330 个表形表义的基本汉字称为母,实际上就是部首,把 870 个标音表义的基本汉字称为子。其实,部首也可用来标音表义。如木部,经常是用来表形表义的,但在"沐"字中便是用来表读音的。又如土部,大多数情况下也是用来表形表义的,但在"吐""徒"等字中,显然也是用来表读音的。这种情况举不胜举。部首之所以既能表形表义,又能表音,关键在于汉字在象形阶段是以其外部形体来表达事物概念的类属,以固着在形体上的语音来表示事物的抽象意义。真正的部首字本来就是能独立表义、独立使用的汉字,所以,人们才能按其所用而取舍。

　　有些部首在用来构造其他汉字时,有时既取其形又取其音,《说文解字》中的"亦声"这一术语即表示这种用法,清代文字学家王筠称这样造出来的字为会意兼形声。例如,《说文解字》"子"部:"字,乳也,从子在宀下,子亦声。"就表明在造字时,既取部首"子"来表形和表义,又以"子"来表读音。又如,"一"部:"吏,治人者也,从一从史,史亦声。""示"部:"礼,履也,所以事神致福也,从示、从豊,豊亦声。"《说文解字》卷五有"豊"部。"又"部:"右,助也,从口从又,又亦声。""水"部:"汲,引水于井也,从水从及,及亦声。""力"部:"功,以劳定国也,从力从工,工亦声。"我们初步统计,《说文解字》中注有"亦声"的会意兼形声之字有 55 个。其中被称为"亦声"的大部分是部首字,只有极少数不是。以上都说明部首在创造新汉字和整理已有汉字过程中的多功能性。

第四章　汉字的形体演变

第一节　部首的形体演变

　　部首本是许慎根据小篆的形体结构对 9353 个汉字进行分析研究而归纳创立的。所以,只要汉字的整体书写体式不发生变化,部首作为汉字整体结构的一部分也不会发生变化。然而,语言文字是一种社会现象,因此,社会的发展变化必然给语言文字带来深刻的影响。研究汉语史的学人都知道,每当我国古代社会的政治历史发生剧烈变动之后,汉语的各要素也随之而发生一定程度的变化,作为语言的视觉符号的文字也是这样。从商、周时期的大篆到秦汉之小篆,中间曾经历了我国历史上一次巨大的社会大变革的所谓春秋、战国时期。其时的汉字不仅呈现出鲜明的时代性特征,而且与政治特色一样呈现出了强烈的地域性特征。正因如此,伴随着政治上的统一局面的形成,也就有了统一的文字体式小篆的生成。与秦王朝的政治统治相适应,又有了对小篆这种书写体式的全面改造,所谓的隶书这种书写体式也就应运而生。

　　其后,至西汉时,经过进一步的改造使之完善起来,这就是我们所说的今隶。与此同时,在我国的社会发展史上,封建制度经由秦王朝的初创、西汉王朝的完善,作为一种社会发展形态,也已完全形成,以其崭新的面貌出现在中国社会发展史上。此时,汉字也同样以一种与此前完全不同的新面貌呈现在世人面前。汉字经由这一系列的剧烈的社会大变革之后,虽然其基本制度没有发生根本性的变化,但其书写体式与前相比已变得面目全非了。隶书把小篆圆转的线条写成方折,把连接不断的线条,拆成点画式的笔画,横笔之末皆成波捺之势,而且字的基本笔画都有固定的写法和笔势。长方体改为扁平,特别是字体的结构也有很大的变化和调整,使达到方正平衡美观。隶变这一番改造,不仅与篆体迥异,而且全失早期汉字象形表意的基本特征,变成纯由各种基本笔画构成的文字符号了。所以,依据小篆的结构和体式创立的 540 部首,自然也随之发生了重大的演变,主要表现为分化和归并。这种结构和体式的分合,又成为楷体汉字形成的基础。为节省笔墨,兹将隶变楷化后发生分化和合并的部首字分别列下。前者我们叫同部异形,后者叫异部同形。

一、同部异形的部首及其例字

二——二(在字的上部:帝、旁);

示——礻(在左:神;在下:禁);

艹——艹(在上:草、花);大(在下:莫);廾(在下:莽);

八——丷(在上:曾);八(在下或两侧:尔,必);

牛——牜(在左:特、物);牛(在下:犁、犟);

登——癶(在上:登);

辵——辶(在左和下:运、通);辵(在左下:徒、徙);

丩——丩(右:纠、叫、赳);

收——廾(在下:弄、戒);大(在下:奉、奂);𾷛(在下:兵、具)

爪——爪(在侧:爬、抓);爫(在上:孚、受)

攴——攴(在侧:敲、更);攵(在侧:改、牧)

歺——歹(在侧:残、死)

肉——肉(在下:裔、腐);月(在侧:脱、胡;在下:骨、肖)

刀——刀(在右:初;在下:剪);刂(在右:削、判)

邑——邑(在下:扈);阝(在右:都、鄙)

阜——阜(在右:埠);阝(在左:陆、陵)

西——西(在上:栗、粟)

疒——疒(在左上:疾、病)

网——网(在侧:纲);罒(在上:罗、罟);冈(在上:罕)

人——人(在上:合、企);亻(在左:仕、保);儿(在下成化如此)

衣——衣(在下:裘、裁);礻(在左:初、衫);衣(在外:衷、裹、表)

卩——巳(在下:令,在侧:即);㔾(在下:厄、卷)

力——勹(在右外:匀、旬);宀(在上:军、冢)

犬——犬(在下:臭、哭);犭(在左:狼、狗)

尢——尢(在侧:尬、尴)

心——心(在下:思、想);忄(在左:悦、情);小(在下:恭、慕、忝);

水——水(在下:泰、滕);氵(在左:江、浙);冫(在左:凑、决);丷(在上:益)

仌——冫(在左:冻、凋);(在下:冬、寒)

手——手(在上、下:看、拳、塞);扌(在左:把、扑);龷(在下:奉、举)

亾——亡(在上、下:盲、芒、乍)

ᅏ——凳(在上:癸、登)

部首分化为几种形体,有些依然作为部首使用,有些则仅仅作为构成合体汉字的基本结构而失去了部首的性质。

二、同形异部的部首及其例字(部首合并表)

$$
\boxed{月}
\begin{cases}
1.月部:明、有、朔 \\
2.舟部:服、朕、腾、朝(依《说文解字》和金文舟为声符, \\
\quad 甲骨文朝字从日和月。)前、俞 \\
3.肉部:骨、胡、肖、亡月、育、肘 \\
4.朋(《说文·鸟部》为古文凤字,金文朋字作拜,象串玉形) \\
5.动物的嘴:能、熊、赢、赢、赢和龙字中的月
\end{cases}
$$

$$
\boxed{阝}
\begin{cases}
1.阜部(在左):陵、陡、陌、隆 \\
2.邑部(在右)):邦、郊、都、鄙
\end{cases}
$$

$$
\boxed{匚}
\begin{cases}
1.匚(fāng)部:匡、匠、匣 \\
2.匸(xǐ)部:区、匿、医、匹
\end{cases}
$$

$$
\boxed{方}
\begin{cases}
1.方部:斻(háng)(《说文解字》:"方舟也",航字的初文)、放、旁 \\
2.旗、施、旌、旎
\end{cases}
$$

$$
\boxed{方}
\begin{cases}
1.春:上从艹,屯声,下从日 \\
2.奉:上从丰声,从収(収,双手),下从手。 \\
3.舂:上从午从収,下从臼 \\
4.泰:上从大声,从収,下从水。 \\
5.秦:上从午,从収,下从禾。 \\
6.奏:上从中从収,下从夲(tāo)
\end{cases}
$$

小篆原来隶属于几个部首,隶变楷化后归并成为一个新的部首或构件。在书写方面快捷了,但在字义的理解方面却容易造成歧义。只有明了这些部首字分化归并的源流,才能避免歧义。

第二节　利用楷书偏旁推求字的本义范畴

一、利用楷书偏旁推求字的本义范畴举例

什么叫偏旁？偏旁是合体字的构字部件。古代人把左右结构的合体字的左方称为"偏"，右方称为"旁"，如今合体字各部位的部件统称为偏旁。汉字绝大部分是形声字，由形旁和声旁组成，所以，"偏旁"主要包含形旁和声旁两类。形声字中表示意义的部分叫作形旁。因此可以利用形声字中表示意义类别的形旁来探求字的本义范畴。如"江"字，"水"就是其形旁。我们可以根据形声字的形旁推求其本义范畴。如"金"为形旁的字"银""链""销""锻""铸""钟""锭""错""钱"等，其本义范畴都与金属有关；以"心"为形旁的字"志""忠""快""念""慨""恭""恕""怀"等，其本义范畴都与心理有关。如"伐"字，"人""戈"是其偏旁，其本义范畴与"人"、"戈"有关。

二、一些常用部首的本义范畴

下面我们介绍 110 个常用部首的本义范畴，并适当举一些今义与本义差别较大的属字作为例证来帮助理解。按《字汇》214 部首的排列次序排列。

1.【人】本义与人有关。如仪：本义指人的容止仪表。《诗经·大雅·烝(zhēng)民》："令仪令色，小心翼翼。"儒：从巫、史、祝、卜中分化出来的人，也称"术士"，后来泛指学者。作：本义为站起来。

2.【儿】实际上是"人"部。用在字的下面，隶书写作"儿"。与人有关。如兒(儿)：本义是婴儿。《史记·扁鹊列传》："齐王中子诸婴兒小子病。"先：走在前面。

3.【冫】后来写作"冰"，与冰或寒冷有关。如凌：冰块。唐·孟郊《寒江吟》："涉江莫涉凌，得意须得朋。"冶：冶炼金属（如同冰堪消溶）。凝：液体渐渐结成固体。

4.【刀】与刀或切割有关。如制：裁断。《韩非子·难二》："管仲善制割。"副：分成两半。判：分开。

5.【力】与用力有关。如勉：努力；尽力。《左传·鞌之战》："病未及死，吾子勉之！"勝(胜)：胜任；能承担起来。勤：勤劳。

6.【匚】与盛东西的方形器皿有关。如匮：后来写作"櫃（柜）"。《尚书·金

滕(téng)》："乃纳册于金滕之匮中。"(滕：封闭；约束。)匤：后来写作"筐"。匪：后来写作"筐"。

7.【厂(hǎn)】与山崖石穴有关。如厓(yá)：山崖。元·贾仲名《金安寿》第三折："连天峻岭，万丈悬厓。"厚：山陵厚(高)。原：水源。

8.【又】像右手形，与手有关。如及：篆文从人从又，本义为赶上。《左传·鞌之战》："故不能推车而及。"叔：拾取。取：割耳记功，后引申为取得。

9.【口】与口的动作有关。如和：应和声。《史记·刺客列传》："高渐离击筑，荆轲和而歌。"(筑：一种乐器。)唐：从"口"，"庚"声，本义是说大话。命：命令。

10.【囗】后来写作"圍(围)"，与围墙、包固有关。如国：都城。《左传·郑伯克段于鄢》："大都不过参国之一。"固：四围不通。园：果园。

11.【土】与土或土地有关。如基：房屋墙壁的脚址。《诗经·周颂·丝衣》："自堂徂(cú)基。"(徂：往；到。)堂：殿，多指正房。型：土制的浇铸模型。

12.【士】与成年男子有关。《诗经·氓》："女也不爽，士贰其行。"(爽：差错。贰：不专一。)壻：丈夫，后来写作"婿"。壮：雄壮、强健。

13.【大】像人的正面形象，与人有关。如夷：本义是东方之人。《论语·子路》："虽之夷狄，不可弃也。"(之：往。狄：北方民族。)天：人的头顶。夫：成年男子。

14.【女】与妇女有关。如好：本义指女子长得美好。《战国策·鲁仲连义不帝秦》："鬼侯有子而好，故入之于纣。"婚：两家通婚，女家为婚，男家为姻。威：古代婆母称威姑。

15.【子】与子女、未成年孩童有关。如孺：本义为为吃奶的孩子，泛指儿童。《尚书·金滕》："武王既丧，管叔及其群弟乃流言于国，曰：'公将不利于孺子。'"(公：指周公。孺子：指成王。)孟：兄弟排行，老大称孟(又称"伯")，老二称仲，老三称叔，最幼称季。("孟""季"都从"子"。)字：本义是妇女在房子里生孩子。

16.【宀(mián)】与宫室建筑有关。如客：本义为寄居的人，引申为门客、食客。《战国策·冯谖客孟尝君》："孟尝君出记，问门下诸客。"宗：始祖庙。安：安静。

17.【尸】金文像人的侧面形象，与人有关。如居：又作"踞"，蹲。《论语·子路曾暂冉有公西华侍坐》，"居则曰：'不吾知也。'"展：转身。尻(kāo)：屁股。

18.【山】与山有关。如崩：山岭倒塌。《诗经·小雅·十月之交》："百川沸腾，山冢崒('碎'的假借字)崩。"岑(cén)：小而高的山。歧：山名。

19.【巾】与布帛有关。如幅：布帛的宽度。《汉书·食货志下》："布帛广二尺二寸为幅。"（广：宽。）幣（币）：用作礼品的帛。常：后来写作"裳"，下衣。

20.【广（yǎn）】与宫室有关。如廢（废）：房屋崩坏；倒塌。《淮南子·览冥训》："往古之时，四极废，九州岛裂。"庠（xiáng）：商代人对学校的称谓。府：藏文书的地方。

21.【弓】与弓箭有关。如引：本义为把弓拉开。《韩非子·外储说左下》："狐乃引弓迎而射之。"（狐：人名，解狐。）强：硬弓。發（发）：射箭。

22.【彡（shān）】与修饰有关。如形：形象；形体。《周易·系辞上》："在天成象，在地成形。"修：修饰。彰：文（纹）彰，引申为明显、显著。

23.【彳】与行走有关。如循：顺着……走。《左传·昭公七年》："循墙而走。"徐：慢走。後（后）：走路落在后面。

24.【心】像心脏之形，与心理情绪有关。如思：思念。《古诗十九首·行行重行行》："思君令人老，岁月忽已晚。"忠：忠诚。慢：怠慢。

25.【戈】与杀伐兵器有关。如戉（yuè）：后来写作"钺"，本义为形似大斧的兵器。金文《虢季子白盘》："（赐）用戉（钺），用政（征）（蛮）方。"戎：古代兵器的总称。戍：守边，防守。

26.【户】像单扇门之形，与单扇门有关。如房：本义为正室两旁的房间。汉乐府《孔雀东南飞》："府吏再拜还，长叹空房中。"扉：门扇。扃（jiōng）：门闩。

27.【手】与手或手的动作有关。如揭：本义为高举。《战国策·冯谖客孟尝君》："于是乘其车、揭其剑。"把：握住。捐：捐弃。

28.【攴】放在字的右边，多写作"攵"，与轻击或其他动作行为有关。如收：拘捕。《三国志·华佗传》："若其虚诈，便收送之。"改：变更；更改。效：模仿；师法。

29【斤】与斧子及其动作有关。如斯：劈木。《诗经·陈风·墓门》："墓门有棘，斧以斯之。"新：本义是伐木。所：伐木声。

30.【日】与太阳、季节、时辰有关。如时：季，季节。《左传·桓公六年·季梁谏追楚师》："谓其三时不害，而民和年丰也。"杜预《注》："三时：春夏秋。"暴：后来写作"曝"，曝晒。景：日光。

31.【月】与月亮、时间等有关。如朗：明亮。《诗经·大雅·既醉》："昭明有融，高朗令终。"（融：长远的样子。令终：好结果。）期：一周月，也指一周年。朝：早晨。

32.【木】与树木、木材有关。如枉：弯曲。成语：矫枉过正。奈：一种果树。梓：一种树木。

33.【欠】与张口或出气有关。如歇:休息。白居易《卖炭翁》:"牛困人饥日已高,市南门外泥中歇。"欷(叹):感叹。歌:咏唱。

34.【止】甲骨文像脚形,与行走有关。如歷(历):经历;经过。曹植《杂诗》之三:"妾身守空闺,良人从军行。自期三年归,今已历九春。"歸(归):女子出嫁。步:步行。

35.【殳】与打击有关。如殴:打击;捶击。《史记·留侯世家),"良鄂然,欲殴之。"段:后来写作"锻",锤击。殿:打击的声音。

36.【毛】与毛有关。如毫:细毛。《孟子·齐桓晋文之事》:"明足以察秋秋毫之末。"氈:用兽毛碾合成的片状物。

37.【气】与气体有关。如氛:预示吉凶的云气。《国语·晋语一》:"献公田,见翟柤(zhā)之氛,归寝(寝)不寐。"氧:氧气。氢:氢气。

38.【水】与水有关。如演:水长流。晋木玄虚《海赋》:"东演析木,西薄青徐。"(析木、青、徐:都是地名。)注:灌注。滞:不流通。

39.【火】与火有关。如然:后来写作"燃"。《孟子·公孙丑上》:"若火之始然,泉之始达。"

40.【牛】与牛或牲畜有关。如牡:公牛,泛指雄性禽兽。《诗经·邶风·匏(páo)有苦叶》:"济盈不濡轨,雉鸣求其牡。"(济:济水。濡:沾湿。轨:车轴两端。)物:杂色牛。牢:牲畜栏圈。

41.【犬】与狗或犬类兽有关。如狄:本义是以狗为图腾的种族名称,泛指北方少数民族。《尚书·商书·仲虺(huī)之诰》:"初征自葛,东征西夷怨,南征北狄怨。曰:'奚独后予?'"(仲虺:人名。)狩:猎,从"犬"是因为狩猎用犬。吠:狗叫。

42.【玉】与玉石有关。如理:治玉。《韩非子·和氏》:"王乃使玉人理其璞而得实焉。"球:美玉。

43.【瓦】与陶器有关。如瓴:盛水的瓶。《淮南子·修务训》:"今夫救火者,汲水而趍("趋"的异体字)之,或以瓮('瓮'的异体字)瓴,或以盆盂。"甄:制造陶器的转轮。瓯:瓦盆。

44.【甘】与美味有关。如旨:味美。《礼记·教学相长》:"虽有嘉肴,弗食,不知其旨也。"甜:味甘。甚:过分。

45.【田】与田地有关。如略:疆界;地域。《左传·庄公二十一年》:"王与之武公之略,自虎牢以东。"畔:田界。畿:都城附近的土地。

46.【广】与疾病有关。如疚:长期有病。《释名·疾病》:"疚,久也,久在体中也。"痕:伤痕。疵:小病。

47.【皿】与盆类器皿有关。如益:水满溢出。在这个意义方面,后来写作

"溢"。《吕氏春秋·察今》:"澭水暴益。"盍:钵类器皿。盡(尽):器皿中空虚。

48.【目】与眼睛有关。如相:本义为视察。《诗经·公刘》:"相其阴阳。"眜:眼睛看不清楚。督:察看。

49.【矛】与兵器有关。如矜(qín):矛柄;戟柄。贾谊《过秦论(上)》:"鉏(锄)櫌(耰)棘矜。"矟(shuò):长矛。稍(zè):用矛或叉刺取。

50.【矢】与箭有关。如矫:把箭竿揉直的一种器具。《汉书·严安传》:"今天下锻甲摩剑,矫箭控弦,转输军粮,未见休时。"矦:后来写作"侯",箭靶。矰(zēng):系有生丝的箭。

51.【石】与石头有关。如破:本义是石头破碎,泛指碎裂、毁坏。《诗经·豳风·破斧》:"既破我斧,又缺我戕。"(戕:方孔的斧。)研:研磨。礎(础):柱基石。

52.【示】与鬼神祭祀有关。如祭:祭祀祖先和神灵。《礼记·祭统》:"祭者,所以追养继孝也。"祟:鬼神降下的灾祸。禁:禁忌;怕冲撞鬼神而不敢做的事情。

53.【禾】与禾类植物有关。如秀:谷类开花抽穗。《诗经·大雅·生民》:"实发实秀。"秆:禾茎。秋:谷类成熟;收成。

54.【穴】与洞穴有关。如窥:暗中偷看。《礼记·少仪》:"不窥密,不旁狎(xiá),不道旧故,不戏色。"究:穷;极。邃:深远。

55.【立】与站立有关。如竦:伸长脖子提起脚跟站着。《汉书·韩信传》:"竦而望归。"端:正立。竢:等待。

56.【竹】与竹子有关。如笛:竹制管乐器。《后汉书·列女传·董祀妻》:"胡笛动兮边马鸣,孤雁归兮声嘤嘤。"策:马鞭。篇:竹简编册,一卷叫一篇。

57.【米】与去皮的粟类果实有关。如粒:米粒。杜甫《秋兴》之八:"香稻啄余鹦鹉粒,碧梧栖老凤凰枝。"粗:糙米;粗粮。精:纯净的好米。

58.【糸】与丝麻绳索有关。如纪:丝缕的头绪。《墨子·尚同上》:"譬若丝缕之有纪,罔罟之有纲。"约:缠缚。素:白色生绢。

59.【缶】與陶器有关。如罄:器中空,引申为尽、完。《诗经·小雅·蓼莪(lùé)》:"缾("瓶"的异体字)之罄矣。"缺:器破。罅(xià):器裂。

60.【网】与罗网有关。如罩:捕鱼或鸟的竹器。《宋书·乐志四·魏鼙(pí)歌舞》:"絶网从驎麑(lín ní),驰罩出凤雏。"罹:被网住。羅(罗):用网捕鸟。

61.【羊】与羊有关。如群:羊群。《诗经·小雅·无羊》:"谁谓尔无羊?三百维群。"美:味美。羶(shān):羊的气味。

62.【羽】与羽毛翅翼有关。如习:鸟练飞翔。《礼记·月令》:"鹰乃学习。"

翔：盘旋地飞。翟（dí）：长尾的山雉。

63.【老】与老人有关。如考：《尚书》中称父亲为考，后来只称亡父为考。《礼记·曲礼》："生曰父……死曰考。"耆（qí）：六十岁的老人。耉（gǒu）：长寿的老人。

64.【耒】与农事或农具有关。如耨（nòu）：除草的农具。《周易·系辞下》："耒耨之利，以教天下。"耰（yōu）：碎土平田的农具。耩（jiǎng）：下种。

65.【耳】与耳朵有关。如聋：听觉丧失或迟钝。《左传·僖公二十四年》："耳不听五声之和为聋。"聂：附耳私语。聪：听力好。

66.【肉】与肉或肉体有关。如脩：干肉。《周礼·天官·膳夫》："凡肉脩之颁赐，皆掌之。"背：脊背。胡：兽颔下垂肉。

67.【舟】与舟船有关。如艇：轻便小船。《淮南子·俶（chù）真训》："越舲（líng）蜀艇，不能无水而浮。"（舲：有窗的小船。）艄：船尾。舶（bó）：大船；海船。

68.【艹】与植物（多为草本）有关。如英：花；花片。《诗经·郑风·有女同车》："有女同行，颜如舜英。"（舜：木槿，落叶乔木。）苑：养禽兽的园林。黄：始生的白茅嫩芽。

69.【虫（huǐ）】与蛇有关，又为"蚰（后来写作'昆'）"的省形，与昆虫类有关。如蜃：大蛤蜊。《国语·晋语九》："雀入于海为蛤，雉入于淮为蜃。"蜕：蝉蛇之类脱皮去壳。蜀：蛾蝶类的幼虫。

70.【血】与血液有关。如衊（miè）：血污；血染。《新唐书·藩镇传·田悦》："大夫亲断逆首，血衊衣袖。"衇：又写作"脉"，血脉。衅：又写作"釁"，血祭。

71.【行】与道路有关。如术：邑中道路。《后汉书·冯衍传·显志赋》："播兰芷于中廷兮，列杜衡于外术。"街：四通的道路。衡：纵横相交的大道。

72.【衣】与衣服有关。如衷：贴身的内衣，引申为穿在里面。裹：夹衣的内层。製（制）：裁制衣服。

73.【见】与看有关。如觉（jué）：睡醒。《庄子·齐物论》："觉而后知其梦也。"览：观看。觏（gòu）：遇见。

74.【角】与兽角有关。如触：以角撞物。《周易·大壮》："羝羊触藩，羸其角。"（羝：公羊。）觥（gōng）：角制的酒器。觞（shāng）：盛有酒的杯。

75.【言】与言语有关。如谅：说话守信用。《论语·管仲非仁者与》："岂若匹夫匹妇之为谅也，自经于沟渎而莫之知也？"访：咨询。许：允许。

76.【豕】与猪有关。如豪：猪项脊上的长毛，引申为特别的人才。《鹖（hé）冠子·博选》："德千人者谓之豪。"豭（jiā）：公猪。

77.【贝】与钱财有关。如费:用财多。《论语·尧曰》:"君子惠而不费。"贺:用礼物庆贺。质:用作抵押的财物。

78.【走】与行走、奔跑有关。如赶:兽类翘起尾巴奔跑。《说文·走部》:"赶,举尾走也。"趋:跑。趣:快跑。

79.【足】与脚或行走有关。如距:鸡爪。《左传·昭公二十五年》:"季、郈之鸡斗,季氏介其鸡,郈氏为之金距。"(介:通"甲"。)跟:脚跟。践:踏。

80.【身】与身体有关。如躬:身体;自身;亲自。《诗经·小雅·节南山》:"弗躬弗亲,庶民弗信。"躺:平卧;睡。躯:身体。

81.【车】与车有关。如轩:一种有辕帐有幡(fān)的车,为诸侯大夫所乘。《左传·闵公二年》:"卫懿公好鹤,鹤有乘轩者。"轼:车厢前部的横木用来扶手。辐:车轮的条辐。

82.【辵】与行走有关。如述:遵循;沿着。《尚书·五子之歌》:"述大禹之戒以作歌。"造:到;往。徒:从"辵","土"声。步行。

83.【阝】与城邑有关。如郎:春秋国邑名。《礼记·檀弓下》:"战于郎。"鄙:边邑。郭:城郭,外城。

84.【酉】与酒或酒坛有关。如酬:劝酒。《仪礼·乡饮酒礼》:"主人实觯(zhì)酬宾。"(觯:饮酒器。)酸:酸酒。醒:醉后恢复正常状态。

85.【金】与金属有关。如钝:不锋利。《百喻经·就楼磨刀喻》:"嫌刀钝故,求石欲磨。",钤(qián):锁,引申为关键、要领。钳:刑具,用来束颈的铁圈。

86.【门】与门户有关。如闭:关门。《左传·哀公十五年》:"门已闭矣。"闲(xián):栅栏。闱:小门。

87.【阜】与山陵或台阶有关。如阿(ē):大丘陵。《诗经·小雅·菁菁者莪》:"菁菁者莪,在彼中阿。"(菁菁:茂盛的样子。莪:亦名"萝蒿"。)除:殿阶。陟:登高。

88.【隹】与鸟类有关。如雄:阳性鸟,与"雌"相对。《诗经·邶风·雄雉》:"雄雉于飞,泄泄其羽。"雕:猛禽名。雅:后来写作"鸦"。

89.【雨】与雨类有关。如霑(zhān):润泽;沾濡。《诗经·小雅·信南山》:"既霑既足,生我百谷。"零:落雨。霰(xiàn):雪珠。

90.【面】与脸面有关。如靥:酒靥。宋张先《长相思·潮沟在金陵上元之西》:"柳样纤柔花样轻,笑前双靥生。"靦(䩄)(miǎn):靦觍(tiǎn)。醮(qiáo):面色枯焦。

91.【革】与皮革有关。如鞏(巩):以鞏束物。《周易·革卦》:"鞏用黄牛之革。"鞘(qiào):刀剑套。鞠:用革制成的皮球。

92.【韦】与熟牛皮有关。如韤(wà):后来写作袜(韈)。《左传·哀公二十五年)》:"褚师声子韇而登席。"韇:弓套。韧:(像然牛皮皮样)柔韧。

93.【页(xié)】与人头有关。如颠:头顶。《诗经·秦风·车邻》:"有车邻邻,有马白颠。"题:额头。颇:偏头。

94.【风】与风有关。如飘:疾风;轻风。郦道元《水经注·河水注·龙门》:"当其冲飘也,而略无生草。"这里指疾风。飙(biāo):旋风;暴风。飋(sè):象声词,即风声。

95.【食】与吃食有关。如飧:晚饭。《孟子·许行》:"贤者与民并耕而食,饔飧而治。"(饔:早饭。)养;供养。餐:吃;熟食。

96.【首】与头有关。如馘:又写作"聝,战争中割取所杀敌人的左耳以记数献功。金文《虢季子白盘》:"(桓桓)子白,献馘于王。"稽(qǐ):后来写作"稽",叩头至地。首:长(zhǎng);第一个。

97.【马】与马有关。如驻:车马停住。《汉书·韩延寿传》:"久驻未出。"骄:高马。驳:马色不纯。

98.【骨】与骨骼有关。如髓:骨髓。《史记·扁鹊列传》:"其在骨髓,虽司命无奈之何。"體(体):人的肢体。骸:骨的总称。

99.【髟(biāo)】与毛发有关。如髫(tiáo):儿童下垂的头发。陶渊明《桃花源记》:"黄发垂髫,并怡然自乐。"髦(máo):幼儿下垂至眉的短发。髡(kūn):剃去头发的刑罚。

100.【鬲】与釜锅有关。如鬻(zhōu):后来写作"粥"。《左传·昭公七年》:"饘(zhān)于是,鬻于是,以餬余口。"(餬:稠粥。鬻:稀粥。)

101.【鬼】最初指死去的祖先,后与鬼魂有关。如魅:鬼怪。《荀子·解蔽》:"明月而宵行,俯见其影,以为伏鬼也。卬(仰)视其发,以为立魅也。"魄:阴鬼。魇:梦中惊骇;恶梦。

102.【鱼】与鱼类有关。如鲇鱼(nián):鱼名,身上黏滑无鳞。王逸《九思·哀岁》:"鳝(shàn)鲇兮延延。"(鳝:黄鳝。)。鲍:干鱼。鲜:活鱼。

103.【鸟】与鸟类有关。如鸣:鸟叫。《诗经·齐风·鸡鸣》:"鸡既鸣矣,朝既盈矣。"鸿:鸿雁;大雁。鹄:天鹅。

104.【鹿】典鹿类动物有关。如麀(yōn):牝鹿。石鼓文《车工》"麀鹿速速,君子之求。"麈(zhǔ):驼鹿,俗称"四不像"。麗:两鹿并行。

105.【黑】与黑色有关。如點(点):小黑点。清王士祯《唐子畏义皇上人放鹇图》:"鹇飞渐远看渐微,青天一点余残雪。"黛:青黑色。黥(qíng):在面额刺字并涂墨的一种刑罚。

106.【黹】与针线刺绣有关。如黼(fǔ);礼服上黑白相间的花纹。《尚书·益稷》:"藻火粉米,黼黻(fú)絺(chī细葛布)绣。"

107.【黾(měng)】与虫类、蛙类、甲鱼类动物有关。如鼋(yuán)：大鳖，俗称"癞头龟"。《左传·宣公四年》："楚人献鼋于郑灵公。"鼃(wā)：后来写作"蛙"，青蛙。鳖：又写作"鳖"，甲鱼，俗称"团鱼"。

108.【鼠】与鼠类动物有关。如鼯(wú)：鼯鼠。徐珂《清碑类钞·动物·飞鼠》："东三省之团头山后，飞鼠颇多，即鼯也。"鼫(shí)：鼫鼠。鼢(fén)：鼢鼠。

109.【鼻】与呼吸及嗅觉有关。如齅(xiù)：后来写作"嗅"，用鼻子闻。宋李清照《点绛唇》："和羞走，倚门回首，却把青梅齅。"鼾(hān)：熟睡时呼吸粗重作响。

110.【齿】与牙齿、年龄有关。如龁：后来写作"咬"。汉贾谊《论积贮疏》："罷(疲)夫羸老，易子而龁其骨。"龄：年龄。

三、常见部首举例

1.人部（亻、儿）——与人有关

优——演戏的人。

倨——人傲慢。

兄——从口从人，"祝"的初文，后借来表示兄长的"兄"。

元——人的头。

先——走在前面的人。

2.大部——与人有关

天——头顶。

夫——成年男子。

夷——东方的人。

奚——奴隶。

3.页部——与人头有关

题——额。

颠——头顶。

领——脖子。

颈——脖子的前部。

4.欠部——与呼吸有关

歌——唱歌。

歆(xī)——鼻子吸气。

歆——抽咽声。

歇——气泄。

5.耳部——与耳朵有关

聪——听觉好。

聂——贴着耳朵讲私话。

闻——耳朵听见。

取——杀死敌人,割耳为证。

6.目部、见部——与眼睛有关

眷——回头看。

盼——眼睛黑白分明。

蔑——人劳累后目光无神。

觉——睡醒(张开眼睛)。

7.心部(忄、⺗)——与心有关

悲——伤心。

恭——有礼貌。

慕——向往。

8.手部(扌)、又部、攴部(放在字的右边,多写作"攵")——"又"指右手,"攴"意小击,与手有关

挈——用手提起。

抑——用手按低。

叔——拾取。

牧——手执鞭子放牧牲畜。

鼓——击鼓。

寇——入室抢劫。

秉——拿着。

9.肉部(月)——与身体有关

脔——切成块的肉。

肱——手臂从肩到肘。

腴——体肥。

腥——生肉。

10.止部、彳部、辵部(辶)、走部——止指脚趾,与行走有关

歧——多长出来的脚趾头。

徐——慢走。

适——往。

趋——小步快跑。

11.巾部——与布帛有关

帖——字写在布帛上。

帛——丝织物的总称。

币——帛（用作礼物）。

幅——布帛的宽度。

12.衣部（衤）——与衣服有关

裹——夹衣的内层。

衫——单襦子。

裹——夹衣的内层。

初——裁衣之始。

13.示部（礻）——与祭祀祸福有关

禁——对祭祀等事的避忌。

祟——上天降祸,后表示鬼神害人。

禅——祭天。

祈——求福。

14.歹部——与疾病死亡有关

殁——死。

殊——尸首分离。

殉——以人从葬。

殍——饿死的人。

15.犬部（犭）、豸部——与狗有关

猋——犬奔的样子。

狂——犬发狂。

豺——也叫豺狗。

状——犬形。

16.木部——与树木有关

构——以木架屋。

权——黄花木,因其坚硬、难以变形,被用于秤之杆、锤之柄、挂之杖。引申为衡器。

梁——桥梁。

末——树梢。

17.草部（艹）——与草有关

莫——暮（日落在草中）。

藉——茅草垫在地上。

薄——草丛生。

盖——盖屋的茅草。

18.网部（罒、罓）——与网有关

置——捕兔的网。

罕——捕鸟的网。

罗——捕鸟兽的网。

罟——网的总名。

19.㫃（yǎn）部——与旗有关

旌——用以指挥的旗。

旆——长方而下垂的旗。

施——旗飘动的形状。

旄——旄牛尾装饰竿顶的旗。

20.玉部——与玉石有关

璧——平圆形中心有孔的玉器。

玦——开缺口的玉环。

琢——雕刻玉石。

理——治玉。

21.贝部——与钱财有关

负——借钱不还。

贤——多财。

质——以财物抵押。

赂——赠送礼物。

22.刀部（刂）——与刀有关

切——用刀分开。

劈——用刀破开。

削——用刀斜刮。

剐——割肉离骨。

23.斤部——与斧子有关

析——以斧劈木。

斯——劈开。

斫——斧刃。

所——伐树的声音。

24.广(yǎn)部、宀(miǎn)部——与房屋有关

府——国家藏文书钱财的地方。

广——大屋。

宇——屋檐。

宗——祖庙。

25.厂(hǎn)部——与山有关

原——水源。

厉——磨刀石。

厄——山险要处。

26.水部(氵)——与水有关

泉——水源。

永——水流长。

派——支流。

涕——眼泪。

27.冰部(冫)——与寒冷有关

冽——寒冷。

凌——积冰。

凝——液体凝结为固体。

冻——水遇冷凝结。

28.火部(灬)——与火有关

烽——边防报警的烟火。

炳——明亮。

然——燃烧。

焦——火烧干枯。

29.邑部(右阝)——与城邑有关

邻——五家。

邮——传递文书的驿舍。

郊——距都城百里。

郭——外城。

30.阜部（左阝）——无石之山，与高山、高、阶梯、障碍有关

隅——山角。

降——从高处走下来。

除——殿阶。

险——山路难行。

下编　字理教学法

第五章 字理识字教学法

第一节 新课标关于识字教学的要求

一、识字的定义

汉字的认读和书写是指教师把有关字的读音、释义和写法等知识、技能传授给学生的过程。

汉字的认读和书写是阅读的基础,也是写作的前提。通过识字与写字教学,丰富学生的识字量,为阅读打好基础;学生在阅读中吸取大量书面语言,可以丰富知识,充实思想,发展思维力、想象力,为写作打下坚实的基础,而具有写字能力又为写作创造了条件。

汉字的认读与书写是一种技能,它必须按照形成技能的规律去培养学生,即"模仿—运用—订正",不断地反复,螺旋式地上升,由模仿得像到模仿得熟,然后熟能生巧,达到运用自如的地步。

在汉字教学中,除了有认读一定数量汉字的要求即数量的要求外,更重要的是质量要求,这就是读准字音,认清字形,了解字义,掌握汉字的基本笔画、笔顺规则、偏旁部首、间架结构等,最终达到正确运用汉字,避免错用和误写。

什么叫识字?要有个科学的定义。简言之,识字就是统一地掌握字的形、音、义。也就是使字形、字音、字义在学习者的头脑中建立牢固的联系,达到:

①见字形即能读出音,明白其意思;

②想到或听到字音、字义,就可以写出字形(可连成词来写),即:字形⇆字音、字义。

分析起来说,识字就是要求:

①掌握字形。对字的结构、写法要一清二楚,并能辨别其正误。

②掌握字音。对字的音能发得正确,并能辨别多音字的不同读法。

③掌握字义。对字的基本意义、常用意义(有的必须连成复音词)能够了解。

　　④在头脑中建立起形、音、义的统一联系。

　　第④点非常重要。正因如此,进行识字教学时必须强调形音义结合,防止单纯读音、记音,或只分析字形的做法。字形是个难点,要突出地抓,是对的,但建立字的形音义的统一联系也不是容易的事,要靠反复训练达到熟练。

　　有一种提法:"以字形为重点。"这句话的含义不甚明白,可能包含两个意思:①认准字形,写对字形;②见形能说出音、义。如果包括第二点,那就不如说"建立形音义的统一联系"更准确些。

　　还有一种说法,说"学生学常用词,字音、字义都是原来已经掌握了的",这种说法也不对。准确地说,这个音节、这个概念是已经掌握了的,但并非字音、字义。因为在人们的头脑中没有把这个音节与概念跟字形联系起来之前,不能说是掌握了字音、字义。

　　识字的人一见"船"字,就知道它指的是什么,可是不识字的渔民即使天天在船上,看见"船"字还是不认识。所以字义还是要记忆的,而且要记准(例如不要把"船"字和"般"字记混了)。汉字中同音字多,在记字义上尤须用心。小学生在口语运用中都明白"知道"和"来到"这两个词的意思。但在书面上常常把"知道"写成"知到"。这就表明要学生准确掌握"道"这个字的字义并不容易。换一句话说,尽管学生在认识上已确立"知道""来到"这两个词的含义,但并不等于可以轻而易举地记住"道""到"这两个字的字义,记字义还是要下功夫的。

　　掌握形音义的质量标准,向来有个说法叫"四会",即会认、会讲、会写、会用。提出"四会"的说法是为了保证识字的质量,其意义是积极的。作为通俗的说法,说起来简单,也不是绝对不能用。但是细究起来总觉得不够科学,不够周密。

　　会认,当然是对的。指能用普通话语音读出字音,还能辨清多音字的不同的读法。

　　会讲,就成问题了。单字如果不成词,如"然""蝴""憧"……怎么讲?单字成词的如果是基本词汇,又怎么讲?像"我"是否讲成"第一人称单数自称"?"人"是否讲成"一种哺乳动物、万物之灵"?单字与其他字组合,可成为很多不同意义的词,字义也随之不同,会讲,是指讲哪一个?"行"可组成"行路""不行""行列""银行"等词,光见"行"字怎么讲义?可能认为能用单字组成词就算是"会讲"了,如"人——工人的人"。这当然是表明学生已掌握字义的一种方式,但它终究不是"会讲"字义。所以用"会讲"不大科学。有的教师为了达到"会讲",要学生死记字义注释,如背诵:"醋是一种带酸味的液体状的调味品",不就成了笑话?!

会写,可能是指会默写。但也可理解为会抄写,不精确。

会用,提法也不大妥当。单字不成词的,如何用法? 单字可以与别的字连成好多不同意义的词,"会用"又指会用哪一个? 指会用所有能组成的词吗? 词是语言最小的使用单位,汉语也不例外,只能说用词,不好说用字。所以"会用"字的说法也不大科学。准确的说法,似乎还应该是:形音义的统一掌握。

关于这个问题,朱作仁也作过论述,他认为汉字是音、义、形三个因素构成的方块图形。儿童掌握它,不仅要分别认记音、义、形这三个因素本身,特别是字形本身的结构关系,还要建立音、义、形三者之间的统一联系。

二、新课标的要求

《九年义务教育全日制小学语文教学大纲》规定:"在小学阶段,要使学生认识常用汉字 3000 个左右。学会其中 2500 个左右,做到会写。""认识常用汉字 3000 个左右。学会其中 2500 个左右,做到会写,并了解在具体语言环境中的意思。"成人扫除文盲,要求识字 1500~2000 字,这是识字量的起始标准,识字达不到这个标准,是没有办法读书的。《初级中学语文教学大纲》规定,初中阶段,要"在小学的基础上扩大识字量,达到 3500 个字。"

《义务教育语文课程标准》关于识字教学的这一理念,明确指出了识字教学的三个策略:

①充分利用儿童已有的知识、生活习惯进行识字教学;

②注重教给儿童识字方法,使之逐步形成识字能力;

③力求识用相结合,在发展语言能力的同时发展识字能力。

识字教学的原则:

①识字与语言环境相结合;

②识字与音形义相结合;

③识字与直观事物相结合;

④识字与生活相结合;

⑤识字与活动相结合。

学习汉字的过程,就是学习文化的过程。在识字教学中若能充分挖掘汉字的文化内涵,就不仅能从形象上引起学生的兴趣,还能使学生从汉字中掌握更多的社会、历史的文化信息。

其实,学生写别字,根本原因是不懂汉字构字原理。小学语文教学最基本的特点是依据汉字汉语的特征和规律施教。

《义务教育语文课程标准》的修改中关于识字的内容增加了"识字教学基

本字表",字表中的字构形简单,但重现率高,其中的大多数字能成为其他字的结构成分,先学这些字,有利于打好识字写字的基础,有利于发展识字写字的能力,提高学习效率。

字表中,包含有 17 字附带部首变体。部首变体问题可以引导我们在识字教学时,尽可能让学生理解汉字的意思,这个字的意思与部首有什么关系,这个部首是声符还是形符。

人(亻),刀(刂),心(忄),水(氵),手(扌),爪(爫),

犬(犭),火(灬),玉(王),示(礻),衣(衤),竹(⺮),

肉(月),足(𧾷),言(讠),金(钅),食(饣)

为什么要讲这个呢?大家想想,我们如果不讲变体,就有这个问题,比如"煮"这个字,学生会认为是放在水里才叫"煮"。其实,如果"灬"是"水",就应放在左边,而不应放在底下,所以书法中有人这样写"𤓎"。这才真正反映了造字之初的意思,这是我们在汉字教学中应该注意到的。还有部首中的"月"部,到底是什么?除了表示"月"之外,还可能是"肉"(如"肝、胆"等)或者"舟"(如"服、前"等)。

在这个点上,我们应怎样展开才科学?比如"衣(衤)"部和"示(礻)"部,这两个部首写法上只有一点之差,而在意思上是明显不同的两类,就应给学生讲清楚,凡"示"部的字都与神灵或者祭祀有关,比如"祝福""祈祷"。

我们讲一个字时要连带一串字。因为这一串字我们平时都在用,基本字有 300 个,它有较强的构字能力。虽然汉字形体多次演变(甲骨文、金文、小篆、隶书、楷书),许多字在今天通行的楷书中,很难从形体的构造看出字形与字义的关系,掌握部首与意义的关系是非常重要的。因此,掌握汉字结构理论,运用字理教学法是提高教学效率的有效途径。

第二节　字理识字教学

"字理识字"教学法从汉字本身特点出发,抓住了汉字形、音、义的关系,具有开放性、兼容性,作为一种教学方法,这种探索的方向是值得肯定的。"字理识字"教学实验目前有了一定的理论基础,在较大范围内得到实施。汉字字理教学要注重科学性,注重汉字的理据和教学的理据,同时要掌握好讲理的"度",注意与现代汉语教育和国际汉语教育接轨。

究竟怎样去界定字理识字教学法呢?可以这样说,字理识字教学法是依据汉字的组构规律,从汉字形与音、义的关系着手进行识字教学的方法。它注重通过对汉字的象形、指事、会意、形声等构形理据的分析,博采其他识字教学流派之长,来突破字形这个难关,达到提高识字教学效率的目的。

　　所谓字理,即汉字的构形理据。汉字是古代劳动人民根据生产、生活的需要创造出来的,每一个字的构形都有一定的道理和依据。这就是汉字产生、发展的主要规律。这规律的主要表现就是"六书",即象形、指事、会意、形声、转注、假借等造字方法。抓住了汉字的这种组构规律进行识字教学,就是抓住了汉字的本质特点进行教学,也就抓住了识字教学的根本。因此,字理识字教学是一种行之有效的好方法,它具有强大的生命力。

　　汉学属表意文字。每一个汉字都有形、音、义三要素。这三者之间的关系是十分密切的。它们的关系正如一个倒三角形,如图 5-1 所示。

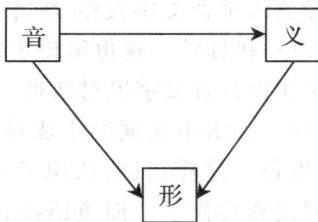

图 5-1　形音义的关系

　　也就是说,无论是字音还是字义,都是以形为基础的。文字都是表达语言的[①]。字形是字音、字义的载体。离开了字形就没有文字,只有语言。因此,在识字教学中重点突破字形就抓住了汉字三要素的中心。

　　从识字教学来说,尤其是从小学低年级识字教学和扫盲教育来说,有母语基础的六七岁的小学生和成年文盲,在未识字前就能够读许多常用字,并悟到了它们的部分意义,对汉字的意义和读音已不难掌握,关键在于掌握字形,在于将字形与字音、字义联系起来。因此,在小学低年级和成人扫盲中字形的教学就成为识字教学中的关键。

　　在识字教学中要突破字形关,已成为许多人的共识。但是真正做到这点也绝不是轻而易举的事。在诸多困难之中汉字初学繁难是最棘手的。目前,对汉字教学的难易有两种看法:一种是传统的观点,认为汉字太复杂、太纷繁、太难学;另一种看法认为汉字易学,不复杂、不难学。我们认为,汉字不那么易学,有一定难度,难就难在学习汉字的初始阶段。

────────────────

① 蒋善国:《汉字学),上海教育出版社,1987 年版,第 59 页。

　　客观地说,汉字是复杂的。说汉字复杂是与拼音文字比较而言的。汉字数量繁多,有 5 万多个[①]。《说文解字》收汉字 9353 字,《中华大字典》收汉字 48000 多个,《康熙字典》收汉字 47035 个,其中有许多是不常用的,但通用字也有约 7000 个左右,常用字 3500 个,这个汉字家族不能说不庞大。儿童识字要一个一个地掌握它,确非易事。

　　汉字的复杂还表现在汉字有形、音、义三要素,汉字中还有许多一字多音、一字多义,一字多形,读音相同而形、义不同,意义相同而形、音不同等现象,还有许多字字形相像、读音相似、意义相近,这些都给识字教学带来困难。

　　从识字教学来说,汉字是表意体系的文字,文字不表音而表意,念出来的和写出来的不统一。一般来说,汉字的字音与字义之间大多没有必然的联系,笔画组织变化也较多,不像英语拼音文字仅由 26 个字母组成,只要认识了字母,掌握了拼读方法,字可以一拼即认。这也给识字教学加大了难度。

　　然而,也不能说识汉字比识拼音文字绝对地难。识字不仅是认识单字,还要认识由单字组成的复合词。汉语中新词的生成是使用的二次造词法,即由汉字通过表意的方式进行组合。这样,只要认识了 3000 个常用字,就很容易学会一大片词群,就可以阅读和写作了。而英语拼音文字制造新词的办法基本上只有增加音节,即增加拼写字母的组合数量,致使词汇繁多,难认、难记。随着社会的发展,科学的发达,新词越来越多,学起来困难越来越大。这样看来,学习英语拼音文字就比学习汉字难多了。

　　由此可见,不能笼统地说汉字难学,应该说汉字在识字的初始阶段难学。面对汉字初识阶段的困难,许多人都在考虑怎样去战胜它、克服它。为此,无数有识之士付出了艰辛的劳动,去探索一条通向理想境界的康庄大道。要解决识字教学的困难,就要掌握识字教学的规律,其中既包括“字”的规律,又包括“识”的规律,还包括“教”的规律。

　　从“字”的规律看。汉字数量多,但是认真分析可以得知,这个庞大的汉字家族是一个科学的汉字系统,而不是一盘散沙。每一个汉字的构形都有一定的道理,汉字的笔画与笔画之间有着必然的联系,部件与部件之间是科学的组合,汉学的形、音、义关系密切,汉字与汉字之间联系紧密。抓住这些规律进行教学,就能降低识字的难度。

　　从“识”的规律来看。儿童机械识记能力很强,这是识字的基础,但是如果能掌握一些汉字的构形理据,就能做到不仅知其然,而且知其所以然;从而增

────────────

　　① 《教师百科辞典》编委会编《教师百科辞典》,社会科学文献出版社,1987 年版,第 382 页。

加理解记忆,实现在减轻记忆负担的前提下增强记忆效果。汉字主要是从图画发展而成的表意体系的文字,字形与字义密切相关,因此,通过分析字的形体结构可以帮助我们把握字的本来意义①。可见字理识字正是这样一种以简驭繁的方法,可以收到事半功倍的效果。

从“教”的规律看。教学原则的重要一条是循序渐进。教师如果注重运用汉字的构形理据先教象形、指事等独体字,后教会意、形声等合体字,儿童是不难掌握的。同时,教师如果运用知识迁移的规律,在教好基本字的前提下,进行汉字归类教学,注意发展儿童的识字能力,可以大大提高教学效率。

由此可见,立足于汉字的组构规律,运用象形、指事、会意、形声等构形理据进行识字教学是抓住了识字教学的根本所在。这样的观点已由历史经验所证明。如清代文字学家王筠(1783—1854)所著《教童子法》一书,书中提到利用汉字构形规律进行识字教学的主张。他说:“蒙养之时,识字为先,不必深读书,先取象形、指事之纯体教之。识‘日’、‘月’字,即以天上日、月告之;识‘上’、‘下’字,即以在上在下之物告之,乃为切实。纯体既识,乃教以合体字。又须先易讲者,而后及难讲者。”他所著的《文字蒙求》一书就是按象形、指事、会意、形声等造字方法编写的启蒙教材。据他自己的经验说,用这种方法“以教童子,一月间而有用之字尽识”。这是非常宝贵的经验。字理识字教学法正是这种传统的发扬。正如著名语言文字学家袁晓园所说:“如果能了解汉字的组构,学起来并不难了。”②为什么抓住了汉字的构形规律,识字教学就不难了呢?因为汉字的构形体现了汉字形与义、音的关系。著名语言文字学家周祖谟有过论述:“我们理解汉字时,应当看到它的形和意义的关系是非常密切的,这是汉字一个根本的性质。不了解这个汉字的根本性质,所以就总觉得难学、难认等等。”③解析汉字的构形规律,就能使人掌握汉字形与义、音的本质联系,从整体上去把握汉字。

说字理识字教学法是一种方法,严格地讲并不确切,应该说它是一种教学思想体系。它的这种性质决定了它的兼容性、开放性。字理识字教学法坚持运用汉字构形规律进行识字教学这一特色,在教材、教学方法、教学手段、教学模式、教学程序等许多问题上不拘一格,主张根据社会、教材、学校、教师、学生

---

①　陈涛、董治国:《学生常用汉字浅释》,天津人民出版社,1981 年版,第 5 页。

②　袁晓园:《论汉字的优越性——为苏联《桥》杂志而评》,载《汉字文化》1991 年第 1 期。

③　周祖谟在“汉字是科学、易学、智能型、国际性的优秀文字”座谈会上的发言,载《汉字文化》1991 年第 3 期。

等各方面的实际出发,灵活运用教学,它注重博采各识字教学流派之长,集各家之大成,做到取人之长,补己之短,以"我"为主,自成系统。

综上所述,字理识字教学法是在我国改革开放的大潮中诞生的识字教育研究的一朵奇葩,它是时代的宠儿,报春的鲜花。

第三节　字理识字教学法的优点

字理识字教学法从诞生到发展都离不开哲学、汉字学、教育学、心理学理论的指导,它具有坚实的理论基础。

一、字理识字教学法抓住了识字教学的主要矛盾

字理识字教学旨在减轻学生负担的前提下提高教学效率,换句话说,就是要解决汉字初识繁难的问题。为此,字理识字教学法主张从汉字结构入手注重解决汉字形与义的关系。马克思主义对立统一规律告诉我们,在复杂的矛盾体系中,各种矛盾的发展总是不平衡的。它们的地位和作用也是不相同的,有主要矛盾和非主要矛盾。主要矛盾是在一个矛盾体系中居于支配地位,对事物的发展过程起决定作用的矛盾。我们在综合地把握事物的矛盾系统时,一方面要注重整个事物及其所包含的诸多矛盾的协同发展,另一方面要分清主次,着重抓主要矛盾,这样才有利于理清事物发展过程的主要线索。字理识字教学法在识字教学的诸多矛盾中抓住了汉字形与义的关系这对主要矛盾,因此有利于识字教学效率的提高。这就是字理识字教学法的哲学基础。在识字教学中,存在着许多矛盾。从教学来看,有教与学的矛盾,其中又包括诸如教育思想、教育内容、教育方法、教师素质、教学条件、学生心理、学习态度、学习内惯、学习方法、学习环境等,汉字内部各部分、汉字与汉字之间等许多方面的矛盾,字理识字教学法既注重各种矛盾的协同发展,更着重在教学内容上抓住汉字形与义这对矛盾来突破字形关。《九年义务教育全日制小学语文教学大纲》指出:识字是阅读和作文的基础。在小学阶段,要能读准字音,认清字形,了解字义,并能正确地书写、运用。这既说明了识字教学的重要性,又提出了对识字教学的要求。在汉字音、形、义三要素中,儿童的母语及生活基础,给他们学习汉字的音和义提供了便利。小学低年级教材中的汉字,绝大部分是儿童早已在口语中应用因而知音知义的,这时候他们学习的难点集中在字形上。根据人的理解识记强于机械识记的心理特点,字义的教学又在很大程度上影响学习者对字形的识记和运用,因此,汉字形与义的关系成为识字教学的

主要矛盾。然而,在此以前的识字教学也并非没有注重汉字形与义的教学。广大教师在《九年义务教育全日制小学语文教学大纲》的指导下,在识字教学中加强了对汉字形、音、义的教学,但为什么教学效率仍不理想呢?我们认为,问题在注意了汉字的形、音、义,而未注重它们之间的关系。对立统一规律告诉我们,矛盾着的双方既相互斗争又相互统一,两者相互联结,相互制约,不可分离。在汉字这个统一体中,形与义这对矛盾着的双方关系是非常紧密的。如果把矛盾的各方面看成是孤立的,只看到矛盾的双方的斗争性,看不到其同一性,也就使同一性失去基础,谈不上它们的相互依存、相互贯通。在汉字中,如果孤立地教学形与义、音,也就很难使这三者有机联系起来而形成一个整体概念,往往出现能发出这个字的音而写不出这个汉字的形的现象。只有既看到矛盾的斗争性,又看到矛盾的同一性,从对立中把握统一,从统一中把握对立,把斗争性和同一性相互联结起来,这才是指导实践活动的一个重要的方法论原则。字理识字教学法正是在识字教学中从汉字形与义、音的矛盾中把握它们之间的紧密联系即同一性。如教学"束"字,如果在教学中孤立地教学它的形、音、义,学习者很容易掌握其读音与意义,但难以掌握其字形,运用时常产生少写一横错误。字理识字教学法从汉字形与义的关系入手,讲清其以绳(口)束木的道理,学习者明确了形与义的内在联系,记忆清晰而牢固,错误极少。由此可见,字理识字教学法有着坚实的哲学基础。

二、字理识字教学法把握了汉字的本质特点

科学的任务是透过现象认识本质。人类只有抓住事物的本质才能从根本上认识它,从而完成改造社会的使命。我们看事情必须要看它的实质,而把它的现象只看作入门的向导,一进了门就要抓住它的实质,这才是可靠的、科学的分析方法。在识字教学中,我们除了对教育思想、教育对象、教育过程等进行科学分析外,还要对教学内容即汉字进行分析,找到其本质特点。汉字是世界上独一无二的具有悠久历史的文字,它在几千年的历史长河中从未间断,汉字最本质的特点是其表意性。原始象形文字源于绘画,可谓见形知义;指事字来源于记号和图画与记号的组合,它们都表示着一个具体的含义;会意字是两个或两个以上象形字、指事字的组合,也表示着一定的语义;形声字由表意和表音两部分组成,但即使是表音部分,也仍然是以象形、指事为基础的表意符号即象形字或指事字。因此,准确地说,应是表意兼表音的文字,而不失表意之本意。这样的文字决定了它的形与义有着十分紧密的联系。即使是经过隶变和历代的简化,汉字原来的象形的线条变成了横(一)、竖(丨)、撇(丿)、点(、)、捺等笔画,这些笔画不再像任何形而成为一种无意义的符号,使得许多

汉字不能因形见意。但是,现行汉字仍然保存着象形的残骸,那么可以借助一些教学手段和方法上溯到造字时代的面貌和造字意义,这样其形与义的关系就显而易见了,识字教学的难点就容易突破了。这就是字理识字教学法的汉字学基础。字理识字教学法正是把握了汉字的这个本质特点,才使教学效率大大提高。

三、字理识字教学法能提高学习者的学习效率

记忆是人的知识经验的宝库。记忆的问题是关系到一个人能否好好学习,牢固地掌握文化科学知识的问题,可以说,没有记忆便没有智慧。因此,教师要在知识传授的活动中提高学习者的记忆效率。识字教学也是一样,学习者对汉字的掌握程度与其记忆关系重大,教师在教学过程中努力提高学习者的记忆效率是提高教学质量的有力措施。

与学习者记忆效率相关的因素很多,如学习目的、学习兴趣、注意力、理解程度、记忆方法、遗忘、用脑卫生等。字理识字教学法对于提高学习者的学习兴趣,集中学习者的注意力,帮助学习者加深对汉字的理解,改进记忆方法等许多方面都有促进作用,从而能提高学习者的记忆效率。这是字理识字教学法的心理学基础,表现在以下几个方面:

(一)有利于培养学习兴趣

兴趣对于人从事实践活动,获得知识,发展能力是一种强大的动力,小学生的学习兴趣与学习成功与否关系更大。因此,培养学习者的学习兴趣是教育工作者的重要任务之一。那么,兴趣是怎样产生的呢?兴趣是在需要的基础上产生的。就识字而言,学习者只有对汉字产生了需要,才可能对识字产生兴趣。通常,对识字的目的、意义教育是激发学习者兴趣的重要方法。但是,光凭这些是不够的。方块形的汉字,看上去点点画画,似觉枯燥;如果就字教字,让学生单纯机械识记,更觉乏味。许多教师改革教法,运用一些直观手段,甚至组织一些游戏,使教学过程中平添许多生气,提高了教学效率。但是,仅仅在形式上做文章,没有触及汉字的本质特点,即使教学过程活泼一点,仍很难使学习者从内心产生对汉字的需要,学习者仍不可能对识字产生兴趣。这正是当前识字教学的困惑所在。字理识字教学法抓住汉字形与义、音的关系,通过字理分析让学习者了解其来龙去脉,使这些汉字在儿童眼里变成了一幅幅图面、一个个故事,这就大大激发了他们的好奇心,使之怀着一种探究的心理去了解汉字的真谛。这时,学习汉字就成了他们的需要,对识字的兴趣倾向自然形成。这时候去教学汉字,学习者注意力也容易集中,记忆效率提高。

（二）有利于促进意义识记

理解是记忆的基础。与机械识记相比,无论在记忆的品质方面还是在其他方面,理解识记都有绝对的优势。什么是理解呢? 理解就是揭露现实对象和对象中的本质的东西,通俗地说,就是懂得。懂得是什么? 为什么这样? 前面已经说到,字理识字教学法把握了汉字的本质特点,从汉字的构形理据上揭示了汉字形与义、音之间的关系,这就让学习者不仅知道了这个字怎么写,还知道了这个字为什么这样写。如中小学生经常把"衤"和"礻"混淆,往往把该用"衤"的字用成了"礻",而又把该用"礻"的字用成了"衤"旁,随意性很强。为什么会有这种现象呢? 究其原因,与诸多因素有关,其中不理解"衤"与"礻"的含义是重要原因之一。当弄清了"衤"是"衣"的变形,"礻"是"示"的变形后,学习者就会在使用时根据其所表示的意义,在与服装有关的字中用"衤"而不用"礻"了,也知道在与鬼神祭祀有关的字中用"礻"而不用"衤"了。这样教学,既有利于辨析一些形近字、同音字,又能印象深刻,经久不忘。

（三）有利于改进记忆方法

记忆是有方法的。教学中,教师要运用多种教学方法以强化学习者的记忆;与此同时,教师还要指导学生学会一些记忆方法,这是培养、提高学生能力的需要。

在字理识字教学中,教师将汉字还原成实物图来教学字理,使这些能激起学生情绪的教学手段给学生留下深刻的印象,这样就能利用学生的无意记忆来培养有意记忆能力。字理识字的重要教学方法之一是联想。在教学过程中,为把汉字的本义讲清,必定要引导学生联想汉字所表示的事物。教"山"字,就要引导学生联想高低起伏的群山,教"坐"字,就要引导学生联想先民席地而坐的习俗。这样的联想可以大大增强记忆的效果。

字理识字教学注重引导学生运用比较法识字,比较法是确定客观事物彼此之间的异同点的一种思维方法。在字理识字教学中,教师注意处理汉字与汉字之间的关系,就是引导学生对一些汉字进行比较,一方面同中求异,在若干相近字中找出它们的不同点,以免产生混淆;另一方面异中求同,在若干字的不同点的基础上尽量找出共同点或相似点,以便由熟字导入新字的学习,使新字在熟字的联系上产生深刻的记。与此同时,由于字理识字教学法注意吸收各种教学法的优点,主张在教学中根据不同的内容、不同的学生综合运用学生喜闻乐见的各种教学方法,有利于学生的记忆;尤其是鼓励教师引导学生通过联想,创造出有效的记忆方法,更有利于克服一些识记的难点,提高记忆的效果。

由此可见,字理识字教学法具有坚实的心理学基础。

四、字理识字教学法加强了教学的直观性

直观性原则是我国教学原则体系中的一个重要原则。它是指在教学中让学生通过各种感官直接感知具体事物和现象或代表这些事物和现象的教具,从而使学生获得表象和观念,为进一步掌握科学概念和理论奠定基础。学生的认识过程是从生动的直观的感性认识开始的。特别是小学生,他们年龄小,感性认识不丰富,抽象思维不发达,生动的具体的形象思维占据着主导地位。即使是高年级学生或中学生,甚至成人,他们年龄大些了,抽象思维也发展了,但教师运用直观性原则将有利于学生更好地掌握理论知识,进一步发展思维能力。字理识字教学法主张采用图画、实物等直观手段解析字理。直观性原则是字理识字教学法的教育学基础。

(一)直观教具演示

运用直观教具演示汉字的组构理据,是字理识字教学法直观教学的重要形式。在解析汉字时,字理识字教学法要求教师根据实际情况将汉字的产生、发展过程大体展示出来,较多使用的是形象物体,如挂图、幻灯、录像、光盘等。有的可采用自然物体或象征性教具。

(二)学生亲自实践

让学生在学习过程中直接参与实验、实践等活动,也是教学中的一种直观形式,同样是字理识字教学的一种直观形式。尤其是在小学低年级,六七岁的儿童,除了听听读读写写外,若能配合教学参与一些实践活动,其兴趣更浓、记忆效果更好。教"看"字可让学生做做像孙悟空那样以手遮目的动作,教"休"字可让学生做做倚树小憩的动作,教"从"字可让学生进行一人跟着另一人走的表演,教"交"字可让学生做做两腿交叉的动作,等等。

(三)教师形象化语言

教师的形象化语言是教学直观形式的重要方面,字理识字教学法更重视这个问题。无论是运用直观教具还是引导学生直接实践,都是在教师指导和讲解下进行的。如果只有学主的观察和实践,没有教师的讲解和说明是达不到要求的。教师在教学中如果能使直观手段和形象化的语言结合起来,就可相互促进,获得较好的效果。教师的语言对学生观察实践起着重要的作用,教

师的讲解和说明,可以指导学生感知客观对象的进程,引起学生的注意,明确观察和实践的方向,加深对事物的认识。因此,在字理识字教学中,教师形象化语言的作用是不可低估的。

总的来说,字理识字教学法无论在哲学、汉字学方面,还是在教育学、心理学方面都具有坚实的理论基础。

第四节　学习者识字心理

书面语言是对人类思维活动结果和认识活动成果的概括反映,识字与儿童的认识活动紧密相关。识字过程是一个复杂的思维活动过程,识字活动会引起儿童心理结构的某些变化和发展。

一、认识和掌握汉字的情况

依据汉字的特点和儿童心理发展水平,儿童认识和掌握汉字有以下一些情况:

第一,汉字是由样式不同的基本笔画,按一定的数量、度量和空间配置,构成一些偏旁部首或其他结构单位,再由这些形形色色的结构单位按一定的布局搭配成字。初入学的儿童对客观事物的知觉是大体轮廓的知觉占优势,空间知觉的精确性和分化性发展水平不高,常常分不清字体各部分的左和右、正和反、里和外、多和少、长和短。字形的掌握成了初入学儿童识字的难点。这也是儿童识字初期应以字形为重点的心理学依据。

第二,字音是语言的基本物质单位,但汉字不是拼音文字,无准确标音。虽然形声字占汉字总数的 80% 以上,但由于古今音变的演化,大都不能把读音表示得很清楚。再加上全国方言地区读音有较大差异,更增加了感知和认记字音的困难。因此,运用汉语拼音作为儿童识字的“拐棍”和正音工具是十分必要的。

第三,字义是字的主要因素之一,对字义的理解是儿童语言和思维发展水平的标志。但汉字具有一字多义的复杂性,低年级学生一次很难掌握多种字义和多种用法。因此,汉字教学应该充分运用学生从生活中习得的口语基础和已有经验,并借助汉字字义演变规律和汉语的某些构词规则,引导学生联系事物,掌握本义,引发引申义,一字多组词,在语境中运用和辨认。

由于汉字是形、音、义构成的复合体,所以学生识字时,既需要准确而完整的感知,有效的认记,又需要精密的分析、综合,灵活的迁移、运用。首先,辨认字形时,要注意分析字形的完整结构关系,把字形和音、义联系起来,做到见形而知音、义。其次。辨正字音时,要充分利用儿童的口语基础和生活经验,把正音和释义、析形联系起来,做到闻音而知义、形。最后,辨析字义时,要充分利用学生的语感和文字材料的语境(上下文),在整体理解的基础上识字、用字,做到表义时能读字音,能写字形。

总之,儿童识字时,要把汉字和它所代表的事物或事物间的关系联系起来,使汉字的形、音、义三个基本因素紧密联系,互相沟通,最后达到会读、会解、会写、会用的程度。

以上是识字心理的总述,强调了两个联系,即识字时要把汉字和它所代表的事物或事物之间的关系联系起来,要把汉字本身的形、音、义三个基本因素联系起来。完成这两个联系,需要有一个心理活动过程。对这个心理活动过程,有学者作过论述。现对识字过程的心理分析如下:

首先,识记汉字是一种特殊的图形知觉。汉字是由音、形、义三个基本要素所组成的图形符号,是一种特殊的客观刺激物。它与反映一般的客观事物的图形既有共同性又有特殊性。

它们之间的共同性是:

①都是以一种物质的形态存在于客观世界之中,都可以被人们所感知到;

②都以一定的声音符号(名称)为代表;

③通过形态和声音符号的感知,可以了解到其本质特点及社会价值。

汉字的特殊性是:

①一般图形是客观事物的具体形象,而汉字是各种客观事物抽象概括化了的符号和代表,它包含和反映了人类智慧活动的成果;

②一般图形多为直观教具,汉字则是人们进行智能活动和交往活动的工具;

③一般图形只具有形和义的特点,汉字则是音、形、义三者的统一体,是一种特殊的复合刺激物。

我们如果把儿童识记汉字看作一种特殊的图形知觉,就可以自觉地去利用感知觉的各种规律和记忆规律来指导儿童识字。

其次,识字是学文化的开始,是启蒙教育的必要手段,是儿童从运用口头语言过渡到学习书面语言的最初的基本环节。它是与儿童的认识活动紧密联系着的。因为书面语言体现着人类在许多实践活动和认识活动中所概括起来的知识经验,所以学生识字的过程,不仅是熟记这些字词本身,还在他们记忆中打下了对一定客体认识结果的烙印。人们的一般知觉发展是从物到字(词),有一个以文字符号为代表的"命名"过程,而识字过程的知觉则是从字

（词）到物的次序，先知觉字形，然后赋予字形以物质内容，同时读出声音。儿童的识字活动是一种特殊的认识过程。识字是系统的文化科学知识学习的开端。识字的目的不仅是熟记这些字词本身，同时在建立字（词）—物的联系过程中，也就逐步地以字（词）为中介，间接地认识客观世界，并在记忆中用字词形式来巩固认识成果。

再次，儿童识字是在听觉分析器与动觉分析器之间的联系基础上，形成视觉、听觉、动觉三者之间新的双向联系的过程。要达到熟记汉字的水平，就必须使音、形、义三者之间都建立起牢固的双向联系系统。只要呈现某一因素，整个联系系统就可以达到激活状态的水平。这就是识字的生理机制。

识字教学首先要符合认识规律，由具体到抽象，由感性到理性；其次要符合学习语文的规律，主要是指字、词、句、篇之间的内在联系，听、说、读、写之间的内在联系；最后是符合汉字本身的规律，根据汉字本身音、形、义三者之间的关系，抓住汉字的特点进行教学。

识字对于儿童智力发展具有重要意义。识字的过程也是复杂的思维活动的分析综合过程。学生在理解地识记字的音、形、义的过程中，也培养了他们的思维能力。

教师在识字教学中，指导儿童观察、比较字体的形态结构，从而有利于儿童观察力的发展。为识记繁多复杂的汉字，要帮助儿童由无意识记向有意识记过渡，指导他们从音、形、义的关系和汉字的规律上巩固识字成果，由此也发展了记忆力。特别值得一提的是，中国儿童的识字是以汉字为学习对象的，认知汉字的独特方式对我国儿童的智力开发起着积极的作用。

曾有报道，由心理学家对上海的一组中美儿童进行的智力测验表明，中国儿童的得分在 12 个测试项目中有 7 个项目比美国儿童高，有 2 项低于美国儿童。中国儿童在算术、词汇及图像概念 3 项上得分最高。研究人员把中国儿童获得高分的原因部分地归功于他们在中国方块字体使用方面的训练，由于大多数汉字的形声规律，使学习汉字者形成了一种独特而有益的思维模式。此外，中国儿童丰富的词汇与 3000 个常用字有关，这些字可组成 40000 至 50000 个词。中国灿烂的文化遗产在一定程度上有助于中国人的智力开发。

现代科学研究证明，拼音文字的认知，脑磁场偏于左脑，而学习汉字必须左右脑并用，因此有利于左右脑的开发。中国人的形象思维与抽象思维的结合在汉字身上得到了和谐的统一，这正是充分发挥大脑左右两球功能的结果。

二、关于汉字字形学习的心理分析

(一)儿童辨认字形是识字的关键

儿童的语言是从口头语言逐步过渡到书面语言而发展起来的。在一般情境下,儿童口头语言还是先于书面语言的发展。儿童上小学以后,由于有了口头语言的基础,能说、能听并能初步理解意义,这就有条件把书面语言作为主要学习任务。书面语言的基本单位是字词。字形对儿童来说是一种完全陌生的对象,所以学会辨认字形就成为识字的关键环节。

从小学生学习汉字过程所出现的错别字状况看,形近致错的占40%。从儿童识字的实际错误看,也必须把辨认字形作为识字的关键。

我们说以字形为重点是从字的整体上说的。在特定条件下,某些字音、字义也可以成为儿童一时学习的重点。例如,当方言干扰了标准音时就要以字音的正音为重点。当儿童初步了解字义之后,如果要求理解更深一层意义时,则要以字义的学习为重点。

(二)儿童学习字形感到困难的原因

据研究认为,儿童识字后,字形的遗忘率高于读音和解义。在默写中结构混淆、笔画增减、字形相混的错误超过音、义错误的三倍左右。这说明儿童辨认字形的难度大。

从汉字这种客观刺激物的特点看,汉字是一种表意文字,音、形脱节。看到字形不能读出字音。不能像拼音文字那样直接形成形音联系,而必须重新建立形音联系。

根据识字的要求,儿童学习汉字的第一步就必须正确地感知字形结构和空间配置。儿童由于认知能力发展不完善,感知较为笼统,不能精确地辨认字形的细微差别,因此,容易出现错漏笔画的现象。小学低年级儿童的空间知觉发展水平低,对于左右、上下等方位往往容易混淆,也是识字困难的原因之一。

三、汉字字音学习的心理分析

汉字虽然有62000多个形体,但是音节只有410个。儿童学习字音时的主要困难,在于正确地辨别一字多音或一字多调或一音(近音)多字的现象。字音是字义的代表,字义是通过字音而表现的。即以音传义。如果儿童具有较强的语音分析综合能力,对于提高学生自学、识字和交往活动能力都可以起促进作用。如果发音不准，所读的汉字有时就会失去它作为认识和交往活动工具的作用，增加识字的难度。在标准音与方言不一致时，这个问题就显得更为突出，方言语音对标准音的干扰越大，儿童掌握标准音的难度就越大。所以，在方言区必须十分注意使儿童学好汉语拼音和普通话。

据研究认为，儿童学习字音的难易与该字词在口语中出现的机会多少有直接联系。可见，学习标准音必须有正确的言语环境，使儿童能广泛地联系生活、应用于生活。例如，江西南昌周边的儿童，由于受本地方言的影响，在学习字音时，感到较难辨别的是平翘舌音、前后鼻音、fh 等。在教学中教师如果能够突出这些难点进行反复训练，并及时纠正儿童发音时的毛病，那么儿童的语音辨别能力就会得到迅速的提高。

只有在儿童具有一定的生活经验和知识基础时，学习字音才能以音传义。如果儿童在毫无相应的生活经验和知识的情况下学习字音，且不理解字义时，虽然儿童也能正确发音并形成言语系统，但这只能是"唱读"，是一种机械识记的形式。如果长期采用这种学习方式，对儿童思维的发展可能会有阻碍作用。这是儿童早期识字中普遍存在的不良倾向，也是小学识字教学中需要注意的问题。

四、汉字字义学习的心理分析

（一）理解字义是一种认识客观事物和发展智力的过程

汉字字义学习的困难在于有单音词和多音词之别，有一字（词）多义和一义多词等特点。字义的掌握是识字的中心环节。儿童对字义的理解不仅反映了他对客观事物的认识是否正确，还将他的认识结果加以物质化并储存在记忆中。在理解字义的前提下，儿童识字越多，他的知识经验就越丰富，对字词意义的理解也越深刻。这就为掌握前人的经验、进行自学并将认识成果保存、传递下去创造了条件。

儿童只有理解字义才能达到阅读、交流思想的目的。字义的理解还直接影响到字形、字音的掌握，可见，字义的理解是极为重要的。这里所讲的字义学习实际上包含词义的理解。因为汉字是构成词的单位，同一个字可以和别的字组成代表不同意义的词，所以，对字义的学习必须更多地采用连词成句的理解识记的方法。词是概念的外衣，只有用恰当的词来表现事物时，才算是理解了词义。可见，理解词义的过程也是儿童掌握概念、丰富知识、发展智力的过程。

(二)影响字义理解的因素

字义是指概念本质,它反映了客观事物的内在联系和规律。因此,儿童对字义的理解比对字音、字形的掌握要困难得多。

1.汉字构字特点的影响

汉字从音节上分为单音词和多音词。在多音词中,不仅字的顺序不能颠倒(例如,"进攻"不能说成"攻进"),而且往往是一个字与不同的字搭配可以变成意义不同的词。例如,"太"可以组成"太阳""太好""太大"等词。"阳"又可以组成"阳光""阳春白雪""阴阳"等。由于多音词的关系,儿童在理解字词意义时就形成了三个深度不同的层次系统:

①常用的基本言语系统中的基本意义的理解。以"人"字为例,就是"人民""人类"。

②潜在的联系系统。在儿童的生活经验中已储存但仍处于潜伏状态的联系系统,要经过教师的启发诱导才能使潜伏状态转入激活状态而表现出来。例如,"人山人海""人来人往"等。

③尚未分化的意义联系系统。儿童对音同形近的汉字容易混淆,其原因之一就是尚未达到分化的意义联系系统。例如,"人"与"仁""仍"在开始识字时往往会出现别字错误。

在字义学习过程中,如果能从三个联系系统的层次来安排学习进程,儿童对字义的理解就能逐步得到扩大和加深。

2.儿童的知识经验和认识发展水平的限制

字词是客观事物的特性和内在联系的抽象概括化。如果没有相应的具体事物和感性经验是难以理解字义的。所以,掌握字义的一般过程都是由具体到抽象,由一义到多义,从已知到未知,从理解到应用。这样才可以使儿童真正达到理解字义的目的。

第六章 字理识字教学法的基本原则

字理识字教学法跟其他任何事物一样,具有自身的发展规律。这种规律是它本身所固有的,不是人们主观臆造的,也是不以人们意志为转移的,这种规律就是我们应该遵循的基本原则。字理识字教学法的基本原则除具有我国教学原则体系中的一般原则外,最基本的是汉字结构规律原则、教学规律原则、理论联系实际原则、开放性与兼容性原则以及同步读写原则。

第一节 汉字结构规律原则

汉字是一个庞大的科学体系,每一个汉字的构成都有一定的理据,即汉字的构形规律。运用汉字的构形规律进行识字教学是字理识字教学法的根本点,字理识字教学法要符合汉字构形规律。在教学中要用公认的字理分析汉字,处理好以下三个关系:

一、汉字各部分间的关系

汉字由部件和笔画组成,通常有以下几种情况:
①由部件与部件组成。如"理"字,由"王"和"里"两个部件组成。
②由部件与笔画组成。如"乏"字,由笔画"丿"和部件"之"组成。
③由笔画与笔画组成。如"八"字,由撇和捺两个笔画组成。

不论是哪种情况,汉字各部分之间都是一种为表达某种意义的有机结合,它们之间的关系就体现了汉字的构形理据,例如"八""人""入"三个字,都是由撇和捺两画按相离、相接的关系组合的,字形十分相似,书写时稍不注意就会出现错误,但是它们各自的构形理据却有天壤之别。

二、汉字形音义的关系

众所周知,汉字是以形表意文字。最早的汉字都是因形知义的,隶变以前的汉字是象形兼表意的,隶变以后是表意兼标音的。① 因此,汉字、音、义三要素既有联系的一面,又有矛盾的一面。

在联系方面,由汉字的表意性,可以知道形义之间的联系是非常紧密的,也就是平日所说的"见形知义"。又由于形声字的大量出现,其表音兼表意的作用成为主导,使汉字形与音的联系得到加强。在矛盾方面,一方面出现了一字多形、一字多音、一字多义现象,另一方面出现了数字同形、数字同音、数字同义现象。这样,给学习和使用汉字带来极大的不便。这些矛盾在汉字几千年的发展过程中得到了缓解,特别是中华人民共和国成立后的汉字规范、整理工作,大大精简了汉字的字数,使那些异体字、异读字、同形字、同音字、同义字大大减少。

对于汉字形音义的联系,我们要充分利用汉字表意的优势,从理解其造字的本来意图入手来教学字形,从形声字的标音成分入手来教学字音,让汉字形音义的固有联系在识字教学中充分发挥作用。对于汉字形音义的矛盾,我们要追本溯源,从本质上去教学汉字,这样才能减少同音字、形近字的混淆,达到从正面教育入手去克服形音义矛盾带来的负效应的目的。例如,教学象形字、指事字、会意字,就要尽量从其本义入手,教学形声字就要在理解形旁的基础上充分运用声旁的表音作用进行汉字读音的教学。据专家研究,汉字的声旁至今仍有百分之五十左右的预示力,即"认识一个生字(形声字)读正确的可能性"约"有一半"②,另外还有不少形声字的声旁分别对声母、韵母、声调等有提示作用。充分发挥这些优势,就能大大提高识字教学效率。对于同音字,只有从根本上理解其意义,才能区别它们的用途。如教学同音字峝、桐、铜等字,只有弄清了其形旁所表示的汉字意义的类属关系,才能从根本上克服同音误用的毛病。

三、汉字与汉字的关系

在汉字这个庞大的系统中,汉字与汉字之间有着密切的联系。细察成千上万个汉字可以发现,这么多汉字中,经常出现相同的部件,如许多汉字中有"口"、有"又"、有"文",等等。这样的部件虽然分布在不同的汉字中,却往往表示着相同或相近的意义。从这个角度看,这些汉字常常由于一定的意义类属而形成一定的内在联系,它们就按照这种联系组合成汉字系统中的一个个子系统。如果我们在教学中能抓住这个规律,注重它们之间的这种联系,就可以

①　蒋国善《汉字学》,第57、58页,上海教育出版社,1987年版。
②　尹斌庸:《关于汉字评价的几个问题》,载《汉字问题学术讨论会论文集》。

大大提高识字效率。忽视了这种关系,就会把几千个汉字看成是彼此孤立的、零散的。这样,只能在教学中要求学习者死记硬背几千个汉字,那是何等困难啊! 如财、账、资、货、贷、贸、贫、购、贩、贱、赌、赔、贿、费……这些字都有一个相同的部首"贝"。"贝"字本是贝壳的象形。因先民曾用贝壳作钱币,所以"贝"作部件时,其多是财物的意思。这样,这一连串字就在贝字的统率下形成了一个关联的系统,其意义都与财物有关。教学中如果能抓住它们之间的这种内在联系,有利于对这些汉字形音义的掌握,从而轻轻松松地教会一大串字。否则,既费时又费力,还容易混淆。

第二节　教学规律原则

字理识字教学法与其他各种教学方法一样,具有教学的一般规律。根据字理识字教学法的特点,教学时要着重注意以下六个方面:

一、音形义结合,着重在字形

汉字是方块字,是音、形、义的统一体。识字教学应该根据汉字的特点,贯彻音、形、义结合的原则,使学生读准字音,认清字形,了解字义,从而获得对这个字的完整的认识。

由于学生识字前已掌握了一定的口头语汇,汉字又以表意为主,因此,一般说来,识字教学的最初阶段,字形是识字的主要矛盾。归类集中识字之所以能加快识字速度,也是因为根据汉字本身的规律,抓住了字形这一主要矛盾,当然,抓住字形这个主要矛盾不等于完全撇开字音和字义。

在识字教学中,学生对字形的掌握是和读准字音、理解字义联系在一起的。只有在重视笔画、笔顺和偏旁部首教学的同时,注意字音、字义的教学,学生才能正确运用汉字本身的规律识字。

随着年级的升高,识的字增多,字形分析的能力增强,又会出现字音、字义混淆的现象。因此到了高年级,字义往往又上升为主要矛盾。以一节课来说,主要矛盾又因字而异。有的地区,有些字方音和标准音的差别是很大的,初教这类字时,字音就上升为主要矛盾。有些字及其构成的词,意义抽象,那么字义又成为主要矛盾。有些字笔画繁多,结构复杂,字形仍然是主要矛盾。

所以,识字教学中既要做到音、形、义紧密结合,又要联系学生的实际,抓住主要矛盾迅速突破难点,才能提高识字的质量和速度。从汉字的特点看,汉字数量多,字形复杂。特别是形近字多,在笔画上往往只有细微的差别。如

"己、已、巳","人、入、八"。

初入学的儿童已有一定的口语基础。据调查,儿童在入学前口头语言已达到听懂 3000 个词左右的水平。从字的音、义与形相对来看,字形是矛盾的主要方面,是儿童学习的新因素,是他们经验中所缺少的。从认识论和心理学的观点看,没有旧经验的支持。认识新事物要困难得多。因此,音、形、义三者比较起来,字形的掌握就比字音、字义困难。

初入学儿童对客观事物的大体轮廓的知觉占优势,但是精细的辨别能力差,空间方位知觉能力不强。因此,低年级学生对辨认汉字的形状、度量(字的笔画长短、出头与否、封口或不封口)、空间配置(左右、上下、内外)感到困难。而一个字要写得出来,需要达到相当的精细水平,因为它不仅要形成字的音、形、义的联系,还要形成字形本身结构之间的联系。而后者较难,这也是儿童识字初期以字形为重点的心理学依据。

在巩固生字的检查中,字形错的频率往往要比音错、义错的高得多。有实验证明,初入学的儿童在阶段复习前的默写成绩以形错占多数,其中结构混淆、笔画增减等形错的字比音同、义近相混淆的字超过三倍左右。所以,从防止错别字、提高识字效率出发,也要抓住字形这个主要矛盾。

在教学上,形成音、形、义三因素的联系,主要通过以下两个方面来实现:一是利用儿童生活经验中已有的音、义联系与字形建立新的统一体;二是生字的字义为儿童所不熟悉或较抽象的,则先要帮助儿童建立新的音、义联系,在此基础上与字形建立统一的联系。

二、由具体到概括

低年级儿童的逻辑思维还不发达,形象思维占优势。对于具体的形象他们容易理解,而对于抽象的文字和概念比较难以掌握。他们认识事物的规律一般都是通过直接感知,根据具体形象进行抽象概括,由感性认识发展到理性认识。

因此,识字教学要联系他们的生活经验,尽可能地采用实物、图画、模型、标本、幻灯、录音、卡片、动作演示等直观手段,让他们观察或做实验,从直观中引导他们进行思考和概括,从已知到未知,这样,既可使学生获得正确的实际知识,又能形成深刻的印象。

有教师在教"飞"字时,先用幻灯打出一只小鸟的轮廓画和一个"飞"字,并告诉学生"飞"字很像鸟飞的样子,"飞"像小鸟的头、身子和尾巴,"乀"像鸟的两只张开的翅膀。这样教学,具体形象,学生印象深刻,字形就牢牢地记住了。然后列举蝴蝶飞、蜻蜓飞、飞机飞等具体的形象,让学生认识"飞"的含义。小学低年级语文教材中编排了看图识字、看图学词学句、看图学文,目的在于借助看图和学文,让学生建立字词和实际事物概念的联系,从具体到抽象,逐步培养学生对文字和事物的理解能力。

三、联系一定的语言环境

许多字,离开了一定的语言场合,到底读什么音,当什么讲,是很难说的。如"长、行、好、空、作"等字的读音,就必须根据上下文的意思来决定。有时一个字就是一个词,有时两个或两个以上的字才是一个词。词是构成语言的基本单位,因此字义教学是不能离开词语形式去孤立进行的。例如"沙发"是外来词,不能从"沙"和"发"的字义来确定词义。

有些含义很深或抽象的词,还必须结合一定的语句,甚至要结合上下文的讲解才能使学生获得清晰的理解。如《一粒种子》中最后一句话:"好个光明的世界!""世""界"两字都是生字,合成一个"世界",意义比较抽象。孤立地讲"世""界"两字,小学生是很难懂的。但是,如果联系课文,根据上下文中的具体内容(春风、泉水、小鸟、小朋友)和插图(太阳、柳枝、花朵、拖拉机)来讲,帮助他们理解"世界"两字的意义,就容易得多了。有些字,本身是虚词,或者跟另外的字构成虚词,表示语句的各种关系。如"又""也""都""而且""因为""所以"等,只有放在句子里或上下文中,才能使学生理解。

所以,识字教学要做到"字不离词,词不离句",把生字放在特定的语言环境中来感知、理解和掌握,才能巩固并使识字为读写服务。

当然,这样说不等于说汉字只能在读句读文中识记。汉字中有一些单字成词,词义简单、常用,如儿童口语中已经掌握的字(词)可以让学生一个字一个字地单独识记(如"日、月、水、火""人、手"等),可以通过认字诀来掌握。集中识字教学法就是根据这一原理编组集中识字教材的。

另外,在实际教学中,教师教一课课文,一般也是先教其中生字然后再教课文的。也有些含义十分具体的词并不一定非要结合句子来进行教学。因此"字不离词,词不离句"的原则不是绝对的,不能机械地去理解。

在语文教学中,我们也常有"字不离词""词不离句""句不离文"的提法。这些看法注意到识字与阅读的结合,不孤立地进行识字,本来也是正确的。但是只看到它们密切结合的一面,机械地去理解,片面地加以强调;没有看到它们有时适当分离还会产生更好更大的效果,那就不对了。因为这样就把识字限制在阅读框框里,使识字教学不能采取多种途径、多种形式,束缚了识字教学活动,不能使识字教学以可能有的高速度去进行。结合词、句进行识字教学并不是一条金科玉律,不能机械地理解和类推。

其实,在这个问题上有一点是万万不可忽视的,即一般说来,儿童是已经掌握了汉语口语的,学的又是常用字词,儿童一听到字词的读音就可以明白它的意思,没有必要靠读上下文,在阅读中理解其意思。这是学习母语(第一语言)的方便之处,与学习第二语言是很不相同的。

四、循序渐进

循序渐进是指严格按照学科的逻辑顺序系统连贯地进行教学,使学习者在日积月累中逐步掌握学科的系统知识和技能技巧,发展各方面的能力。字理识字教学要求教学内容由易到难、由浅入深地安排。

汉朝人归纳古人造字法为六书,即象形、指事、会意、形声、转注和假借。在字理识字教学中主要运用前四种造字法。在汉字中,象形字虽然少,但却是汉字形成的基础。指事字的大部分是符号或在象形字基础上增加指事符号造成的。会意字常常是两个或两个以上象形字的组合。有许多形声字实际上也是两个象形字的结合,只不过其中的一个用来表示字义,另一个用来表示读音罢了。因此,我们可以把象形字、指事字看成最基本的字。教好了这些最基本的字,再教会意字、形声字就能势如破竹了。因此,教学内容要按图 6-1 安排:

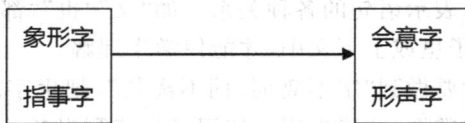

```
┌─────────┐        ┌─────────┐
│  象形字  │────────│  会意字  │
│  指事字  │────────▶│  形声字  │
└─────────┘        └─────────┘
```

图 6-1　汉字教学公式分布表

譬如,"牧"字就应该在教"牛"和"攵"的基础上进行教学;要教"识"字,就要先教"讠"和"只"。

五、学用结合,及时巩固,反复练习

识字的目的在于阅读和表达,而练习则是达到初步运用的中心环节。通过练习,识字得到及时巩固,理解加深,识字量扩大,识的字更系统化,在一定程度上也可弥补教师讲解的不足。同时练习还有检验教学效果的作用。

学生识字是个复杂的反复过程。由于儿童具有易记易忘,以及缺乏精细分析能力等认识上的特点,因此必须加强练习、巩固。

为了使练习取得成效,以巩固识字,需要注意以下几点:

1.使学生及时清楚地了解自己练习的结果

学生的学习活动过程,受其活动结果的调节,这种反馈效应在识字练习中表现尤其明显。如果儿童及时、明确地意识到自己的练习结果(包括读音、释义,特别是书写字形)是正确的或错误的,就有助于他进步。为此,教师批改儿童的练习作业要及时、准确;鼓励优秀的,帮助落后的。对于错误之处,用红笔标示,敦促学生自己改正,下次作业时教师要再检查。

有的教师在识字教学中常用"书空"练习法。让学生用手在空中书写字形。由于有手的动觉分析器参加,对视知觉的准确性(认清字形)有积极的影响;但又因为它对练习的结果不起检验作用,如过多使用,对写字能力提高则有消极影响。如书空"开"与"井"两字,都是"横、横、撇、竖",由于不是写在纸上,没有结果的检验,就缺乏分辨性。因此,在识字教学中,当儿童初步掌握笔顺规则后,就不必再停留在"书空"上。年级愈高,书空法就愈要少用,甚至不用。在书空训练后,接着可以让儿童用手指在桌上书写。这种"指书"式的练习虽比"书空"更有助于学习,但更多的应该在纸上笔练,才能收到实效。因为笔练能使儿童看到自己练习的结果。"书空"与"指书"都不能代替笔练。

2.采用螺旋式识字复习法

在教学实践中,由于追求教学进度,有的教师较少采用识字复习法,但它却是颇有成效的巩固识字的方法。

它的做法是:在相对的时间内(一般是一个星期),每天复习前面教过的生字,如星期二复习星期一教过的生字,星期三复习星期一、二两天教过的生字。依次类推,到下个星期一则复习上一周教过的所有生字,然后又重起一个循环。如此波浪式地前进,到一个阶段(如期中)再来一次复习。

3.注意练习的普遍性和综合性

在识字教学中,练习的普遍性是指三个方面:

(1)立足大多数,尽量使更多的学生参加练习,竭力避免一个学生板演,其余学生无事可做,呆坐旁观等现象,但这与教师有目的地要个别学生板演,其余学生仔细观察,然后集体评议的情况不同。

(2)练的内容应尽量广泛。新旧内容都要照顾到,既注意抓重点,又照顾到一般,识字才能全面巩固。

(3)练习方式要多样,不要局限于几种,更要防止单打一,应既有口头的,又有书面的;既有思想内容方面的,又有字词句等语言文字方面的。除常用的联词、造句、填空、组句、改错、选字(词)、补笔画等方式外,到二年级,可逐步采取一些难度较大的方法。因为识字练习,绝不应只在讲解的基础上作原地踏步,而应该在掌握新知识的同时,尽可能地往前发展,把知识逐步转化为读写的能力。

综合性的练习,就是把识字向说话、阅读、写作引申。因为识字本身只是一种手段,目的是为以后的阅读、写作打基础。儿童掌握了某一字(词)的音、形、义,可叫学生先听写,再联字成词,然后口头释义,说一说它的近义词和反义词,最后,叫学生用词造句、写话。这样的综合练习,容易使知识系统化,识的字牢固,比只是听写或单一的释词、造句效果好。也可要求学生把一个词或一个短句加长,成为长句或一篇短文。

4.注意练习的实效

反复练习并不意味着练习次数愈多愈好。多练固然可以使儿童更好的识记汉字,但效果不一定是随着练习的次数增强而增强的,所以不能盲目多练,增加学生的负担。为提高效果,练习的次数要适当。那种要儿童一次把生字机械地抄十遍、几十遍的做法,实践证明,效果并不理想,有时甚至会起反作用。

据实验研究,在一定的教学程序中,一般一个生字平均练习 3 次,在即时测验(默写)中就足以使错误率降低到 7％以下。有人认为在生字教学后第三天,默写效果最好。还有人通过实验证明,生字学习后抄 4 遍和抄 8 遍效果基本相同。

六、符合人的认知心理

字理识字教学法不仅注重教师的教,更注重学习者的学,要求在教学过程中注意以下几个方面:

(一)重视形象思维

人类认识事物的规律是从感性到理性,从具体到抽象。儿童更是形象思维优于抽象思维。汉字经过几千年的发展、演变,大多十分抽象,看去仅是点点画画。字理识字教学法要求教育者将汉字的构形理据通过各种直观手段、形象的语言、生动的故事等展现在儿童面前,引导他们去观察、思考,发展形象思维,然后抽象概括,使之加深对汉字形音义的印象。如教学“象”字,我们可出示大象图,再介绍由图到字的演变过程。对象形字、指事字、会意字都可用类似的方法教学。

(二)增强理解记忆

根据意义识记的效果优于机械识记的原理,字理识字教学法注重从汉字的构形理据这个根本问题上找到汉字形与义、音的关系,使学习者不仅知其然,而且知其所以然,这样就能加深对汉字的理解,从而强化记忆。儿童的机械识记能力很强,在此基础上再增加理解识记就如虎添翼了。比如,我们在教学中发现,小学低年级学生的"燕"字的错误率很高。他们常把"燕"字上部的"廿"错成"艹"。字理识字教学实验中,教师把"燕"字还原成向上飞的燕子图,然后引导学生讨论由图到字的演变过程,突出"廿"是由燕子的口演变而来而与表植物的"艹"无关。这样,儿童理解了"廿"的由来,就会大大降低错误率。

(三)引导知识迁移

知识迁移是指以前的学习对以后的学习的影响。在字理识字教学中,学习者掌握了基本字以后,就能将这些知识运用到会意字、形声字的学习中,推及它们的字理,既好又快地学习汉字。如"日""月""水""火"等字,它们都是最基本的汉字。掌握了它们的形音义以后,在后续的学习中就要运用这些知识来理解会意字、形声字。用这些字作部件,表意时,多与其本义有关;表音是,大多能从这个基本字的读音上得到提示。如用"日"作部件表意,多与太阳、光亮、时间等有关;表音时,多与"日"的读音有联系。

第三节 理论联系实际原则

字理识字教学法是在文字学、语言学、教育学、心理学指导下进行的。在运用这些理论时,一定要与实际情况紧密结合,要注意汉字发展、演变的实际,儿童身心、生活的实际,教学大纲、教材的实际,等等,在教学中坚持重在实用、讲求实效。

一、重在实用

字理识字教学是把文字学中的一些实用性强的理论和材料引进识字教学中来,帮助学习者识字,其目的是提高识字教学效率,而不是讲授文字学,因此必须注重实用性。

(一)选择运用字理

对于字理,语言文字学著作篇帙浩繁,汗牛充栋,诸多学者往往又各有一说。我们要选择科学性强又最容易被学习者接受的解释进行教学,不要不加选择,更不要把各家之言全都告诉学生。

比如"臣",据查,其解析就有多种:

一是许慎《说文解字》:"臣,牵也,事君也,象屈服之形。"

二是王筠《说文句读》:"金刻作臣,是人跪拜之形,小篆不象。"

三是章炳麟《文始》:"臣者本俘虏及诸罪人给事为奴,故象屈服之形。其形当横作臾缚伏地,前象分头,中象手足对缚着地,后象尻,以下两胫束缚,故不分也。"

四是郭沫若《郭沫若甲骨文字研究·释臣宰》:"均象一竖目之形,人首俯则目竖,所以象屈服之形者,殆民此也。"

五是于省吾《甲骨文字释林》:"臣字本象纵目形,纵目人乃少数民族的一种。典籍也称之为竖目。""古文字以横目为目,纵目为臣。臣字的造字本义,起源于以被俘虏的纵目人为家内奴隶,后来既引申为奴隶的泛称,又引申为臣僚之臣的泛称。"

在这多种解析面前,我们只能选择一种学生易懂,且不与后续学习相矛盾的解释进行教学。比较起来,一般以选择郭沫若的解析为好。一是因为这种解释可谓一家之言,是已经得到不少文字学家公认的;二是因为对于他的解释,学习者甚至于小学低年级的学生都容易理解;三是这种解释便于知识的迁移,具有文字的系统性,如以后再教"卧"字,明确了"臣"表示立起来的眼睛,只要教"卜"是"人"字的变形,"卧"字就可以理解了。

(二)重视教学基本字

象形字、指事字是识字教学的基础,必须着重教好。在国家语言文字工作委员会列出的常用汉字中,这些基本字有两种类型,一种是常用的,一种是很少单独使用的。常用的基本字如"山""石""田""土"等,它们既常见于语言之中,被列入 2500 个常用汉字之内[①],又是构成合体字的常见部件。教好这部分字的意义重大,无疑是字理识字教学的重点。另外还有一种较少单独使用的基本字,如"酉""隹""黾"等字。它们较少在语言中单独出现,被排在 2500个常用字甚至 1000 个次常用字之外,有的连 7000 个通用字也挤不进去,但是它们的构字能力却很强,它们与其他部件一道,构成许多合体字,而这些合体字很多都在常用字或次常用字之内,并且本义都与这些基本字紧密相联。如"酉"字,它有很强的构字能力,由它参与构成的字如"酒""尊""醒""醋""酬""酷""酿""奠""酝""酗""酵"等字都为常用字或次常用字,且其本义与"酉"有着源和流的关系。又如"隹",也是构字能力极强的基本字。由它参与构成的

①　语言出版社编《语言文字规范手册》,语文出版社,1993 年版,第 106—107 页。

"难""雄""雁""雌""雅""稚""雏"等字都是常用字,而且它们的本义都与"隹"的本义有着千丝万缕的联系。对于这一类基本字,我们也要重点教学,为学习者的后续学习打下良好的基础。但是,对这类基本字的教学需要注意广度和深度的把握。

(三)注重教学常用难记字

由于汉字的繁杂和学习者的认知心理,所学的汉字常常会出现易错和易混的现象,这也是汉字初学繁难的表现之一。字理识字教学的目的就是要克服汉字初学繁难的问题。因此,教好那些常用而难记的字也是其重点之一。难记的一种表现是易错。说错误,常见的有汉字形体错误和增减笔画错误。把"黑"写成"黒"、把"冠"写成"寇",这是形体错误;此外还有结构错误和增减笔画的错误。难记的另一种表现是易混。说混淆,常见的有形近混淆和同音混淆。把"愉快"写成"偷快"是形近混淆,把"深刻"写成"深克"属同音混淆。这种同音互用现象俗称用别。无论是错也好、混也好,究其原因,主观上、客观上的因素都不少,但从根本上说是没有理解汉字形与义、音的关系,只死记硬背字形,而不懂为什么要有这样的字形。对于这些难记字,从字理上帮助学习者进行分析,就能帮助学习者从根本上杜绝错误,从而解决汉字初学繁难的问题。如"黑"字,如果知道了"黑"中的"丷"是表示烟尘,也就不会错成"一"了。又如明确了"燥"与火有关也不会错成"氵"或"足"旁了。这是无数有经验的教师的深刻体会和宝贵经验,也是字理识字教学中必须重点解决的问题之一。

(四)合理解析简化字

如何运用汉字的构形理据来解析简化字是继承与发展的问题,值得认真研究。简化字有简化字的理据,有的是按象形、指事、会意、形声的原理重新造字,有的是保留了一部分,有的是省略了部分笔画,有的是草书楷化,有的是将繁杂部分符号化造出新字,有的是恢复了古体。总的来说,我们一般可按简化的理据去解析。

对于按象形、指事、会意、形声的原理重造的新字跟解析其他汉字一样进行教学。如"惊"是"驚"的简体。教学中可不管繁体只按形声字教学"惊"是心(忄)形京声就行了。对于恢复古体的字就按古体的字理进行教学。如"从"字,繁体写作"從",甲骨文字形表示一个人跟从另一个人的意思。现在的简化字"从"正好恢复了古体,教学中就不必再引出繁体了。对于草书楷化的一般暂不讲字理,如"书""专"等字。对于保留繁体一部分的字,好讲则讲,不好讲的不要勉强。对于有些符号化的字,我们可把文字学家运用的方法和研究成果迁移过来解析字理。如大家公认"又"是表示手，我们可以运用它来解释某些简化字。如"双"，它是由繁体"雙"简化而来，我们可不管它的繁体，把两个"又"字解释为两只手，也就是一双手的意思。其解析是合情合理的。但是这种办法要慎用，字理解析要科学，不然就会造成混乱。当然，通过奇特联想等去找到有效的记忆方法是允许的，不过这是另外的问题。

（五）设法识记暂不析理的字

对于那些暂不析理的字，除按常规方法进行教学，让学生随词、句、文在语言环境中学会以外，我们鼓励学生进行奇特联想，运用和创造生动活泼而有效的记忆方法。

二、讲求实效

如前所述，字理识字教学不是文字研究，而是应用文字理论于教学之中，以帮助识字，提高识字教学效率。因此，讲求实效是字理识字教学法的出发点和归宿。要做到这点，必须解决好字理解析的度的问题及形声字的解析问题。关于字理解析的度的问题，后面章节内容会有专门论述，这里着重探讨在形声字教学中如何注重实效的问题。

汉字中的形声字占了80％以上，是汉字的主体。形声字由形旁和声旁两部分组成。形旁是字的义符，表示这个汉字的意义类属；声旁是字的音符，提示这个汉字的读音。在字理识字教学中，教学形声字就要解析它的形旁的表意作用和声旁的表音作用。如教学"湖"字，就要指出形旁"氵"表示"湖"与水有关，声旁"胡"表示"湖"的读音与"胡"一样。这样，学习者就能依据"氵"表示类属关系和"胡"所表示的读音去综合识记"湖"的形、音、义了。又如教学"姑"字，教师可启发学生理解形旁"女"表示"姑"与女性有关；而声旁"古"的读音与"姑"的读音声、韵母都相同，只是声调不同，因此，"姑"的读音可以从音近的声旁"古"中得到提示。这样，有利于学习者对"姑"字形、音、义的识记。然而，从汉字的发展来看，许多形声字的形旁和声旁发生了较大的变化，出现了不少特殊情况，教学时务必从实效出发，妥善处理。

（一）注意汉字的社会性

有些汉字的形旁，因受造字时代的影响，其所表示的某些类属关系，带有明显的社会性。教师在教学中要进行正确的解析。如"女"字在形声字中作部件的时候，大多表示该字与女性有关。如"姐""妇""婆""娥"等。但是在用"女"作形旁的字中，有相当一部分反映了旧社会对妇女的蔑视和侮辱，如"奸"

"妖""妄""婪""嫖"等字。在教学中,教师要深入浅出地进行解释,对学习者进行正确的教育。

(二)注意形旁意义的古今差异

有些汉字的形旁,其表示的类属关系古今不完全一致了。如"虫"字,它是"蟲"的简体。其实在古代,"虫""蟲"是音义完全不同的两个字。"虫"是蛇的象形,本义指一种毒蛇。因此,古称蛇为长虫,甚至还称虎为大虫。"蟲"才指昆虫、虫子。现在"虫"和"蟲"都写作"虫"了,因此,用"虫"作形旁的字,不仅许多与爬虫、昆虫有关,而且往往与其他动物有关。如"蛟",是古代传说中的一种能发水的龙;"蜮",是传说中一种在水里暗中害人的怪物;"螭",是传说中一种无角的龙,其中的形旁"虫"表示"蛟""蜮""螭"与动物有关,而不是"虫"旁仅仅表示昆虫、爬虫等。教学时,不要把类似这样的形符的表意范围定得太窄,否则很难自圆其说。

(三)注意声旁与语音的变化

在形声字中,部分字因语音变化,其表音部分很难对汉字的读音起提示作用。在这种情况下,教学时可不讲音变,也不讲声旁表的什么音,只教读音便行了。如"江"字,由于古今读音的变化,声旁"工"与"江"在读音上已无相同之处,很难提示"江"的读音了。因此,教学中可不讲"工"的读音与"江"的关系,只教"江"的读音就可以了。让学生通过高频认读去记住字音。有些字音在条件许可的情况下可从方言中得到提示,这也是允许的。

第四节　开放性与兼容性原则

如前所述,字理识字教学法从根本上说是一种教学思想,而不是某种具体的方法,更因为它抓住了识字教学的主要矛盾,把握了汉字的本质特点,所以,它具有开放性与兼容性原则。

一、开放性原则

字理识字教学法具有博采众长的开放性。它主张在字理识字教学思想指导下,运用多种有效的教学方法,调动多种教学手段来完成教学任务,特别是主张以集中识字教学思想为主线,综合各识字教学流派之长,充分发挥各家的优势,达到提高教学效率的目的。我国各家识字教学派流都有自己的独到之处。集各家之大成，是识字教学研究发展的方向，即大势所趋，也是符合语文教育工作者的共同心愿的。字理识字教学法在教材选用上不拘一格，它既适用于人民教育出版社编印的九年义务教育通用教材，也适用于经济特区、沿海开放城市等地的教材，还用于边远地区、少数民族地区的教材，以及各种实验教材；既适用于各种扫盲教材，也适用于各种少数民族、华侨和外国人的汉语教材及特殊教育的教材。在生字处理上，学习了"集中识字"教学法的"基本字带字"等观点；在内容安排上，便于归类的，尽量"分类识字"，对一些不便解析字理的特别是虚词采用了"部件识字"法和"劈文切字"法；在语音教学上采用"注音识字"法，先教拼音，以作学习生字和普通话的工具；对于需要机械识记的汉字，提倡"趣味识字"，通过"猜认"、谜语、游戏、歌诀等儿童喜闻乐见的形式去强化记忆，鼓励儿童通过奇特联想，创造有效的记忆方法以提高识记效果；在复习巩固中主张学习"循环识字"等方法，以克服遗忘。尤其是计算机多媒体进入字理识字教学课堂，其效果更佳。

二、兼容性原则

　　字理识字教学法，不仅具有博采众长的开放性，还具有与其他各教学研究同步进行的兼容性。字理识字教学研究可与任何一种其他教学研究同时在同一被试者身上进行，包括其他识字教学研究和非识字教学研究，如集中识字、分散识字、注音识字等和愉快教育、成功教育、目标教学、协同教学等。由于字理识字教学的开放性，一旦它与其他教学研究结合就会由于互补而使两者的优势都得到发挥，产生 $1+1>2$ 的效果。比如，"注音识字，提前读写"实验如能与"字理识字"教学实验结合进行，就有可能产生既发展儿童思维又提高识字教学效率的良好效果；"目标教学"实验如能与"字理识字"教学实验结合，就可能产生全面提高教育质量的综合效果。总而言之，以上基本原则是字理识字教学的规律，遵循这些规律教学就能获得成功，否则就会出现失误，导致教学的失败，至少会带来一些不必要的麻烦。

第五节　同步读写原则

　　识字是阅读和作文的基础。中小学语文教育旨在发展口头语言和书面语言，这在很大程度上取决于阅读能力的培养和阅读内容的积累。字理识字教学法主张扩大识字数量，提高识字质量，其正是为了及早地读写，更好地读写。"字理识字，同步读写"，是字理识字教学法的完整教学体系。在识字教学的同时进行大量的读写训练,是字理识字教学法的重要原则之一。

一、识字与读写必须同步

人类学习语文的过程,可以看到识字—阅读—写作这样大致的顺序,然而在实际操作中,识字与读写训练必须同步进行。

(一)同步读写有利于在读写中巩固识字效果

字理识字教学要求学习者能精细地识记汉字的每一个细节,强调这些细微的区别作用,并能丝毫不差地把这一个个音形义结合的统一体复现出来,从而使学习者从最初对汉字认知的混沌状态过渡到清晰辨认的阶段。然而,学习者达到这种程度后,要在头脑中保持牢固而清晰的记忆,必须不断巩固。为了做到这点,必须高频复习,其中更重要的是在相关语言环境中运用,那就是读写训练。也就是说,要通过读写来强化对汉字音形义的记忆,巩固识字教学的效果。

(二)同步读写有利于尽早实现识字"自动化"

识字是为了读写,但是,识了字还不一定能很好地读写。有效的读写只有在识字达到"自动化"程度才有可能。就拿阅读来说,当人们面对阅读材料时,不仅要把文章读下来,还要能理解文章内容。如果他需要先把第一个汉字的细节清晰地辨认清楚,读出之后再去认第二个字,其注意的中心是字的辨析。字与字之间的联系和间隔完全由他对每个字的生熟程度来决定,他还怎么能顾及词义和句义?如何能达到对阅读材料的理解呢?这时他嘴里读出的只是时断时续的字符串,而不是词和句子。心理学研究告诉我们,当一个人要同时进行两种活动时,必须有一种活动达到"自动化"程度。在阅读的时候,要同时进行识字和理解两种活动,这就要求识字"自动化"。也就是说,要达到无须去清晰辨认就能准确认知的程度。这种"自动化"的实现全仗大量的阅读训练。字理识字教学法提倡在识字教学的同时,尽早地大量地进行读写训练,有利于缩短实现"自动化"的过程。在常规教学中,小学一般在三年级达到"自动化"程度,字理识字、同步读写,可在二年级甚至一年级就能实现。

(三)字理识字为同步读写打好了基础

1.识字数量增加,为同步读写铺平了道路

字理识字教学法主张小学一、二年级识字 2000 个以上,完成小学阶段大部分识字教学任务。2000 个的识字量接近于九年义务教育教材四年的识字量,使学生从低年级起就可以进入阅读和作文。也就是说,使及早读写成为可能,而且比常规教学至少可提前两年,有利于较早地对学生读写兴趣的培养,较早地培养和形成读写习惯,训练读写方法。

　　2.识字质量提高,为同步读写减少了困难

　　由于字理识字教学法抓住了汉字的本质进行识字教学,有利于学习者在阅读中运用字理帮助理解词语的意义,进而理解阅读的内容;在写作训练中运用字理帮助正确使用字词,进行准确的表述,达到提高读写质量的目的。

二、边识字边读写

　　明确了识字是为了读写,那么,就必须在字理识字的同时加强读写训练。为此,要做到早读早写、多读多写,而且要改革读写教学,使识字与读写和谐发展。

(一)早读早写

　　按常规教学习惯,是先识字后读书,即先教学习者认识了相当数量的生字后再教学阅读,作文则更是下一步的事,小学要在一、二年级学了相当数量的字和课文后从三年级开始。这样三步走的做法,使识字和读写人为地被分割,推迟了儿童语言和思维的发展。字理识字教学法主张边识字边读写,在生活环境、语言环境中识字,在识字的同时进行读写训练,即把读写训练提前到从识字的第一天起进行。

　　读什么呢? 识字不多时,可进行阅读基础训练,如读词语,读句子,逐步发展到读句群、读短文,读学生能读懂的读物。因为小学生有拼音基础,学生可先阅读一些带拼音的读物进行过渡,然后逐步丢开拼音"拐杖"。写什么呢?首先可进行作文基础训练,如写词语,写句子,然后逐步发展到写片段、写日记等。这时候的写作训练可用拼音夹汉字或汉字夹拼音的办法过渡,也可用说话代替写话进行过渡,以保证识字效果及时得到巩固,使儿童的语言和思维尽早得到发展。

(二)多读多写

　　从我国小学教育的现状看,小学语文教材提供的阅读内容是有限的。以人民教育出版社出版的九年义务教育六年制教科书为例,小学生 6 年才读到300 多篇课文,远远不适应儿童发展的需要。写作训练就更少了。当前,"语文教学要加强语言文字技能训练"已成为许多专家的共识,也是广大师生的心愿,加大读写训练是实施素质教育的必由之路。字理识字教学法主张在提高识字教学质和量的基础上,大幅度增加阅读和写作的训练量,让学习者在大量的读写训练中提高兴趣,增长知识。

1.有较多的读写时间

学生的读写时间主要分课内和课外两大块。课堂内的教学时间是有限的,教师要改革课堂教学,让学生在课堂上有较多的读写训练,课内读写虽然时间有限,但作用很大,效果很好,要十分重视。同时,除语文课以外,晨读、活动课、自习课等都是宝贵的教学时间,要充分利用,合理安排形式多样的读写训练,让其最大限度地发挥效益。课外的时间也可安排进行一些读写训练。阅读应是家庭作业的重要形式,不能忽略。寒暑假更要合理安排,集中读一点书,并进行作文训练。教师还要动员家长,尽可能配合学校安排,组织孩子参加一些生动活泼的读写活动。

2.有较多的读写材料

学生的阅读材料主要分教材和课外读物两大类。对于教材,教师要注意对名著名篇重点句段、难以理解的地方和有欣赏价值的片段都让学生多读,有些要能复述,有些要能背诵。对于课外读物,涉猎面要广,文学类、知识类、时事政治类等,各方面的都要让学生接触。报刊和图书都要读。学校和家庭都要千方百计为学生提供阅读材料。要注意内容健康,积极向上,程度要适合学生的年龄、年级的特点。学生作文的题材应该很广。首先进行写话练习。他们丰富的生活都是好的题材,如学习、游戏、劳动、活动等,都可以写。这里要特别提到学生负担问题。要学生早读早写、多读多写并不是要加重学生的负担,而是要合理安排,要改革课堂教学,精讲多练;科学地设计练习,减少那些重复抄写等低效的机械劳动,提高单位时间的学习效率。

3.学会较多的读写方式

读写的方式很多,各有各的作用。就阅读来说,朗读与默读是阅读教学中最重要的训练。朗读在小学语文教学中占十分重要的地位,它既是理解语言的有效手段,也是积累词语、训练语感的最佳途径。默读一般在学生具有一定朗读能力的基础上进行。默读时眼看心思,互不干扰,注意力集中,适用于思考难度较大、需要进行抽象思维活动的读物,对于大量阅读、广泛涉猎很有价值。还有快速阅读法,在适当的时候也要学会。读的时候,有些要有表情,有些要注意速度,有些要细心品味,有些要侧重欣赏,对于各种不同的阅读材料,引导学生进行不同要求的训练。从作文来说,文章的体裁多种多样。对于刚刚接触作文的小学生来说,作文练习就是要把自己看到的、听到的、想到的内容或亲身经历的事情用恰当的语言文字表达出来。特别是初识汉字阶段,写词语、写单句也是作文的基础训练,都是有益的、必须的,要鼓励学生大胆写、多写。

(三)改革读写教学

读写教学的重要性是不言而喻的。然而,常规教学对于读写训练却不能令人满意。目前讲风太盛,读写训练太少。即使教学中有一些读写训练,也往往达不到质的要求。字理识字教学法主张早读多读,早写多写,只有改革语文教学才能实现。

1.改革课堂教学

《九年义务教育全日制小学语文教学大纲》指出:小学语文教学的目的,是指导学生正确地理解和运用祖国的语言文字,使学生具有初步的听说读写能力;在听说读写训练的过程中,进行思想政治教育和道德品质教育,发展学生的智力,培养良好的学习习惯。这就要求我们在语文教学中加强语言文字训练,其中就包括读写训练。字理识字教学法要求在语文教学中精讲多读多写,增加读写分量、读写时间。在通常情况下,一节课读写时间要有 25 分钟,最少不低于 20 分钟。要求加强读写指导,把读写训练贯穿于阅读教学始终。

2.加强课外阅读

加强课外阅读,是改革语文教学的重要内容。教学要加强对学生课外阅读的指导,指导学生选择阅读内容,掌握阅读方法。语文教师要与各科教师一道合理安排学生的作业量;教师要与家长一起安排学生的课外阅读时间;学校与家庭共同提供学生的阅读材料;教师对课外阅读要进行具体指导,阅读前提出要求,阅读中了解情况,阅读后进行必要的评价、讨论;学校要组织相关活动,如故事会、阅读心得交流会等,促进课外阅读的开展。

3.加强作文训练

作文教学应从说到写,由易到难,循序渐进;要与阅读教学紧密结合,引导学生把从阅读教学中学到的基本功运用到作文中去。指导作文要从内容入手,引导学生接触自然、接触社会,指导学生留心观察和分析周围的事物,养成观察和思考的习惯;组织学生参加一些观察、操作、实验等实践活动,以丰富作文内容。作文指导中,教师要启发学生作文的愿望,提出明确的要求,开拓思路,指导学生选择作文材料和恰当的表达形式。教师要重视作文批改和评讲,在尊重学生原意的同时,鼓励学生的点滴进步,还可选择一些好作文让学生阅读、讨论。学校要从实际出发,组织一些作文竞赛、出板报、办专刊、办文学社团、办广播站等学生喜闻乐见的活动,以激发学生的作文兴趣,促进学生作文能力的提高。

第七章　字理解析的度

　　立足于解析汉字的构形理据,是字理识字教学法的根本特点。离开了这一点,就不成其为字理识字教学法了。然而,由于汉字的复杂性,也由于初识汉字者的知识基础等局限,在运用字理进行教学时,还必须处理好字理解析的度的问题。这是正确实施字理教学的关键,我们切不可小视。字理解析的度的问题本是理论联系实际原则的具体化。这里字理解析的度的问题,可以从字理解析的广度和深度两个方面去探讨。

第一节　字理解析的广度

　　汉字字字有理,但不能绝对地认为,无论什么字一定得在初识时就解析字理。也就是说,在识字教学中,大多数字要解析字理,但有的字可暂不解析字理,可以留在知识丰富的适当时候再去解决,这就是字理解析的广度问题。字理解析的广度是字理识字教学法至关重要的问题之一。我们既不要把学习者的接受能力估计过低,对适合进行字理分析的不去分析,放弃提高教学效率的机会;也不要把学习者的智力估计过高,不顾汉字音、形、义的复杂情况,强行分析字理,造成对知识的消化不良,反而降低教学效率。那么,怎样决定哪些汉字必须解析字理,哪些可暂不解析字理呢? 总的来说,要遵循前文所述的理论联系实际原则,从汉字与学习者的实际出发,根据学习者的理解能力、知识水平等实际决定。学习者能接受,有利于对汉字的学习的就解析,反之则暂不解析。具体说来要注意以下几个方面:

一、字理解析的重点

　　字理解析的重点在象形字、指事字、会意字和形声字,对于假借字要视其情况谨慎处理,对于概念内涵有分歧的转注字则在基础教育的阶段不宜涉及。象形字、指事字、会意字、形声字的构形理据大都好懂,解析了字理有利于学习者对汉字形、义、音的掌握,是字理解析的重点。假借字是借已有的字充当的表音字,假借后和它的本义没有了必然的联系。教学中如果不谨慎处理也容易造成混淆。如"也"字，甲骨文象蛇形，本义指蛇，假借作语气词。现在一般不用本义，通常用假借义，与本义没有关系，我们可不讲它的构形理据，按常规教学随语言环境识字就行了。总之，对于小学低年级学生应尽量少讲或不讲假借字的理据。

但是，尽量少讲或不讲假借字的做法也不是绝对的。有些假借字在作其他字的部件时往往使用它的本义，对这样的字，有必要解析构形理据。如"又"字，小篆像右手，本义也指右手，现在已不用它的本义，仅用它的假借义作副词、连词用。在一般情况下，就不必讲它的理据了；讲了，可能造成与"右"的混淆。但是，"又"字作为部件出现在其他字中间时，往往保留了它表示手的本义，如友、取、支等字中，"又"都表示手，因此，了解它的本义对学习其他字带来极大的方便，在这种情况下，就有必要讲清它的构形理据。又如"自"字，甲骨文、小篆象鼻子形，本义指鼻子，后假借为"自从"的自。在讲"自从"的自时，就不必从"象鼻子形"讲起了。当我们要分析"鼻""息""臭"等字时，可以而且必须讲解它"象鼻子形"的理据性。

二、同理字的选择

字理相似的字，宜先讲一个易懂的，其他暂不讲。汉字中有一种这样的现象，即有些汉字出于同一字理，或者说，先民根据一种理据造出了几个汉字，如"虫""它""巴"都是蛇的象形，"原"和"泉"都像水的源头，等等。这样，初识汉字的人虽然容易理解，但也容易造成字形的混淆。因此在识字教学中可先选择一个字理最好懂，或汉字更常用，或先在教材中出现的解析，而暂不解析其他字的理据。如"虫""它""巴"等字，可先只讲便于学习者理解的"虫"的理据，而对其他三个则暂不讲字理，以免混淆。对于那些字理相似，而字义也有些相近的字更要注意不集中在一起解析。如"去"和"出"字。"去"小篆在《说文解字》曰："去，人相违也。"是指人离开住所的意思。"出"，表示离开住所的意义。两字构形理据相似，本义也相似。为防止初学者混淆，也只宜先解析其中之一，另一个用其他方法记忆，待以后适当的时候再讲字理。

三、形与义、音关系的选择

解析形与义、音关系较明显的，关系不明显的可以暂不讲字理。汉字的产生距今已有几千年，在长期的发展演变过程中，有些字已很难从字形上找到它的意义联系了，这类字以现今的简化字最为突出。如"万"字，甲骨文象蝎子形，本义指蝎子。历史发展到今天，万字无论从字形还是从字义上说都与最初的"万"字迥然不同了,因此以暂不解析其构形理据为宜。除象"万"字那样整字符号化以外,还有一些字是某些部件符号化了,这个符号化的部分已不能直接与字理挂上钩,解析字理时只能适可而止,不要勉强。如"鸡"字,繁体写作"鷄",鸟形奚声,简化后声部"奚"用符号"又"代替了。因此,右部"鸟"的表意功能仍然不变,而左部"又"却失去了表音功能,不能讲"又"表音,也不要勉强地把它解析成"从又从鸟会意"。

更有甚者,有极少数汉字在数千年的演变过程中,形音义发生很大的变化,甚至古今汉字矛盾,其构形理据可暂不讲解。如"沈"字,甲骨文中间是头朝下的牛,周围是水,本义是把牛沉到水中的意思,古读 chén,是"沉"的本体。现在通用"沉"。而"沈"作了"瀋"的简体,读 shěn。因此,为避免初学者对"沉"与"沈"产生混淆,故不宜过早讲析"沈"的字理。

四、字理与现代生活差距的选择

解析贴近学习者生活的,与学习者生活实际、知识水平、思维能力相差太远的可暂不讲。汉字是古代先民创造的,与当时的社会生产、生活关系密切,整个汉字系统就是一幅"初民生涯图"①,它与今天的社会有相当大的历史差距;而且造字者是成人,如果今天的初识汉字者是儿童,那么,还有因年龄差距带来的思维差距;即使今天的初识汉字者是成人,也有因人类进步、时代发展带来的思维差距。因此,选择解析的字要考虑学习者的生活实际等。如"升"字,是量器的象形,本义也是指旧时的一种量器。由于这种量器已经过时,相关计量单位也不用了,因此,其本义与六七岁儿童的生活相距太远。加之现在用得较多的是它的引申义"升高"的意思,儿童对其本义较难理解,这样对"升"的构形理据以暂不讲为宜。总的来说,教者要从教学的需要出发把握好字理解析的广度。

第二节　字理解析的深度

在字理识字教学中,要掌握好对汉字构形理据解析的深度,这也是关系到字理识字教学成败的关键之一。总的来说,对字理的解析既不能浮光掠影地一带而过,不痛不痒,给学习者留不下印象;也不是讲得越深越好,让学习者晦

---

① 安子介:《劈文切字集》,香港瑞福有限公司,1987 年版,第 9 页。

涩难懂。那么怎样决定解析字理的深度呢？一句话，要遵循理论联系实际的原则，从学习者的实际出发，根据其理解能力、知识水平等去决定，以能被学习者理解、接受，有利于促进识字教学为适度，反之则不适度。这里以小学低年级象形字教学为例谈谈适度教学的原则。

一、建立由图到字的思维过程

在识字教学中对汉字象形、指事、会意、形声等造字法的分析，其中最基本的是象形字。解析象形字的字理就是要让儿童在头脑中建立一个由图画到楷体字的大体演变过程即儿童的形象思维过程，从而了解汉字的形体与意义的关系。一般来说，解析字理时必须给儿童展示由图画到古汉字到楷体汉字产生、发展的大致过程，并着力去寻找它们三者之间的联系，即找出它们之间形体的共同点，以建立由图画到楷体汉字的思维过程。教师不要过多地讲文字学知识，对于汉字发展、演变的全过程也不要求学生能复述。更不要求背诵，不要去考学生。其中古体汉字并不是要求学生掌握的知识点，因此不要学生记忆它、书写它。总的说，只要求学生头脑中建立一种意会了的由图画到楷体汉字的思维过程。为此，有几个问题要注意：

（一）古体汉字的选择要有利于图画到楷体汉字的过渡

由于汉字在几千年的发展、演变过程中变化较大，现在通行的楷体汉字许多已很难看出象形意味，变成了由点点画画组成的纯书写符号了。而古汉字的象形程度却很高，因此，在解析字理时，要让学习者在头脑中建立由图画到楷体汉字的演变过程，中间少不得运用古体汉字作为过渡。在汉字学中，一般视字体象形程度把汉字大体分为古汉字和现代汉字两个阶段。小篆及小篆以前的称古汉字，有甲骨文、金文、六国古文、大篆、小篆等；小篆以后的称为现代汉字，有隶书、楷书、行书、草书等。甲骨文是刻在龟甲或兽骨上的文字，是目前所见到的最古老的汉字体系。其中的象形字、指事字以及会意字、形声字的象形部分和图画比较接近。因此，甲骨文是分析汉字形体结构、研究它的本义的可靠而珍贵的材料。金文是指铸刻在各种青铜器物上的古汉字，又叫钟鼎文、彝器文字。和甲骨文比较，它的结构要整齐些，金文也是我们研究汉字形体结构的重要资料。六国古文是指战国时期齐、燕、赵、韩、魏、楚等诸侯国家的汉字。那时，群雄割据，"言语异声，文字异形"，各诸侯国的文字都带有浓厚的地方色彩，字体与金文有很大的差异。因此，它是最难辨认的。大篆是由春秋到战国初期的秦国文字，大抵是讲究匀称规矩，笔画端正凝重，进一步趋向线条化，然而字形结构复杂。这些古汉字虽有很强的象形意义，但与现代汉字形体相去甚远,对于初学者来说,要从字形上形成由这些古汉字向现代汉字的过渡,跳跃太大,一般人难以接受。我们再看小篆。小篆也称秦篆,它是秦系文字正体的延续,是在大篆和六国古文基础上的进一步改造和整理,其字形进一步趋于规整匀称,线条化、符号化进一步增强,同时,其笔画是圆转的,还或多或少保留了汉字的象形意思。隶书、楷书通行以后,圆转的笔画变成方折,汉字的形体也就完全失去了象形的意味,成为由点画组成的方块汉字。由此可见,唯有小篆既有一定的象形特点,又最接近于现代汉字的形体,可以说,小篆在汉字形体演变过程中起着承上启下的作用,因此,是解析字理时最恰当的过渡字体。如"雨"字,甲骨文、金文形体 象下雨形,但是离楷体"雨"字形体相差较远;而小篆形体 既具有很强的象形意义,又十分接近楷体字形,因此适宜作为由图画到楷体"雨"字之间的过渡字体。当然,任何事物都不是绝对的,解析字理时过渡字体的选择也是一样,不能把选用小篆绝对化。有的字可能选择其他古体更好些。如"长"字,甲骨文字体 更接近于楷体"长"字,解析字理时用甲骨文当然更好。由此可见,决定选择哪种字体的原则是有利于从图画到楷体的过渡,有利于学习者理解、接受。同时,有的字无论是用甲骨文还是金文,或者是大小篆,都难以完成从图画到楷体过渡的任务,这时候也可同时采用若干种古体字。

（二）在图画与古体汉字之间有时要有抽象的概括图作为过渡

由图画变成汉字是一个抽象过程。它抓住事物的本质特征,排除许多枝节,运用高度概括的线条表现一种事物,这是成人思维的结果。对于今人,特别是对儿童来说是不那么容易理解的。如"羊"字,甲骨文形体用向下弯曲的羊角来表示羊头的特征,这对于儿童来说就比较费解了。因此,有必要在图画与古体汉字之间用一幅图作为过渡,这就是图画的抽象图。如在教"羊"字时,在正面羊头图和甲骨文"羊"字形 之间加上一幅羊的头部概括图,这样儿童就便于理解了。同样的道理,在教"火"字时也可在火焰图与火之间这样过渡。

（三）在古体汉字到楷体简化字之间,有时需有繁体字过渡

我们在教学中所用的现代汉字当指国家语言文字工作委员会公布的简体汉字,一般不教繁体,字理识字教学也同样不教繁体。但是为便于表现汉字的演变过程,有些字需要用繁体作为从古体字到简化字的过渡。如"见"字,繁体

写作"見",小篆写作"🔍",其形是突出人的眼睛。如果没有繁体"見"作为过渡,六七岁的儿童是难以理解从"🔍"到"见"的发展的。又如"贝"字,繁体写作"貝",小篆写作"🔍",是贝壳的象形,有了"貝"的过渡,由"🔍"变作"贝"就好理解了。那么,在古汉字与简化字之间,什么情况下需要繁体,什么时候不需要呢? 总之要根据教学的需要决定:当没有繁体,学生对古汉字到简化字的演变难以理解时,则需要用繁体过渡;反之则不需要。

需要强调的是,繁体字在这里即使出现,也只是起过渡作用,以帮助学生理解象形字从图画、古体汉字到简体汉字的发展、演变过程,而不是其他。它只是教学的手段,而不是教学的要求。不要让学生去记它,更不要考它。

二、进行恰到好处的图文对照

在解析汉字由图画发展到现代楷体汉字的变化过程时,有一个重要环节是现代楷体汉字与图画、古体汉字进行字形对照,这是突破字形关的重要步骤。这种对照要注意掌握分寸,恰到好处。那么,怎样才能做到这点呢? 我们说,只要通过对照,学习者能了解到汉字形体的由来,有利于对汉字的识记就行了。为此,必须做到:

(一)图画要有典型性

象形字是由实物图演变来的。字理识字教学就是要把原始的实物图复原出来,以找到汉字形成的根源。而这个图决不是一幅任意的图画,而是在特定情况下具有典型意义的图画,因而也才能真正表现出汉字的形成过程。如"鸟"字金文形体作🐦,它是由一只头向左立于树枝的鸟演变而来的,而"燕"字甲骨文形体作🐦却是由一只向上飞翔的燕子背面演变而来。如果没有掌握这个典型形象,任意画一只飞鸟,就很难在对照时从汉字与图画中找到共同之处,也就达不到表现汉字演变过程的目的。

(二)强化学生对楷体字形的印象

强化学生对楷体字的印象是字理识字教学的目的,它主要是通过将楷体字与图画和古体字对照来实现的。笔画部件的对照要落实在楷体字形上,而不是落实在图画和古体字上。如教学"牛"字,可将楷体"牛"字与牛头图、篆体"🐂"对照,"牛"字的"十"是由牛的头部演变来的,上部是由牛上翘的角演变来的,然后引导学生记住"牛"的字形。在一般情况下,对照时只要学生对字形的由来有个大体轮廓就行了,不要把字形与图形对照得太细。对于关键部位却要讲清记牢。总的来说,字理解析的度要根据各种实际情况而定,要在教学实践中去摸索、体会。

第八章 字理识字教学的模式、
程序与方法

字理识字教学法由于具有与其他教学方法不同的特点,因此它有着自身独特的课堂教学模式、程序和方法。

第一节 字理识字教学的基本模式

字理识字教学法主张在识字教学过程中,通过追本溯源揭示汉字的起源、演变的大体规律,并通过将楷体与图画、古体的对照,找到汉字形与义、音的联系,这就是字理识字教学的基本模式。如果用公式表现,则为"溯源—对照"。这个模式更适用于象形字、指事字、会意字的教学。

一、溯源

溯源是指简明扼要地阐明汉字的起源及演变的大体过程。一般通过图片展示,实物、动作演示,运用故事进行介绍,根据基本部件进行分析、点拨等方法进行。最常见的是用图片展示。现将象形字的溯源介绍如下:

(一)展示内容

1.实物彩图

具体事物是象形字形成的依据,象形字代表语言中客观事物的名称,而在字形上又是形象地描绘出该客观物体的特征的字,因此,我们可根据汉字表现的客观物体的特定形状绘出与汉字相对应的实物彩图以供教学。如教"日"字可绘出红日图,教"月"字可绘出弯月图。有些字可用实物演示时则不必另绘彩图。如教"丁"字就可用钉子演示。

2.概括抽象图

从实物到文字的产生,有一个对实物进行抽象概括的过程,没有这个过程就没有文字的产生。教学时,概括抽象图是帮助儿童由图到文形成思路,进而理解和识记汉字的重要条件。如教"水"字,就须在展出流水彩图的基础上展出强调水波而与横写篆体水字 〜 相似的概括线条图。教"羊"字,就须在展出羊头彩图的基础上展出排除各项细节的抽象的羊头图。当然,也有些字不便绘制概括抽象图,则不勉强,如"燕"字。

3.古体汉字

这是从图画到楷体汉字的过渡。实物彩图和概括抽象图都是图画,不是文字,只有甲骨文、金文、六国古文、大篆、小篆及其他诸体才是文字。文字是在实物形象的基础上产生的。甲骨文、金文的象形程度高,有利于对字理的掌握,但这些字体与现今使用的楷体字形相去甚远。唯小篆既保留实物特点,又与楷体比较接近,因此,选择小篆作为从概括抽象图过渡到楷体的字体比较适宜。当然不排斥部分汉字选用金甲文、大篆等字体作为过渡,只要便于儿童理解即可。甚至有的字不用古体字过渡也是允许的。如"伞"字、"门"字,可从概括抽象图直接过渡到楷体,儿童也很容易理解。

有的字在演变过程中有平面方向的变化。如"目",是由" ⬯ "改变方向竖写成的,遇到这种情况可增加教育动作,通过演示完成。

4.正楷汉字

这是要求学习者掌握的生字,字体须与教材要求——正楷相同,书写要规范。

(二)展示顺序

教学过程中,对于需要展示的内容,要依据汉字产生、发展的演变过程,有序地展示在学习者面前,通常按以下顺序展示:

实物彩图→概括抽象图→古体汉字→楷体汉字。

有些时候也可按以下顺序展示:

楷体汉字→实物彩图→概括抽象图→古体汉字。

这里所说的顺序,是指展示图片的时间顺序,而不是空间顺序。在按前一种顺序展示时,时间顺序和空间顺序是一致的。在按后一种顺序展示时,以上顺序为时间顺序,而图片所处的位置,宜与前一种顺序相同。即将楷体汉字放在古体汉字之后,使学习者对汉字的产生、演变过程有一个正确的理解。

(三)展示方式

展示字理图片的方式一般有分步展示和一次性展示两种。

分步展示是指按顺序分步骤展示汉字形体的演变过程。展示一个内容后引导学习者观察理解,再展示另一个内容引导其观察理解。这种展示法常用于初学时或教学一组象形字之初。

一次性展示是指将展示内容一齐展出,再引导儿童依次逐一观察理解。这种展示法常用于掌握了一定的汉字演变规律之后。展示的手段可视学校与教师的实际而定,用卡片、挂图、幻灯、简笔画、录像、光盘等均可,不拘一格。

运用实物、动作演示,通过故事进行介绍,根据部件进行分析、点拨等方法,与图片展示有相同或相异的地方,可参照图片展示的方式进行。

二、对照

对照是指在展示汉字演变过程后,将楷体汉字各部位与篆体、客观物体各部位进行对应分析,这是形义联系的关键步骤,是突破字形关的有效手段。通常有两种对应分析方法:

(一)部位与部位对应

这是指将汉字的笔画与实物的某部位进行对应分析。如"月"字,教学时可将"丿"与小篆的"丿"和实物弯月图的内弧线相对应,将"刀"与小篆的右半部分和实物弯月图的外弧线相对应。这种方法适用于清晰可见其笔画由物体的某部演变而来的字。除以上一画对应一个部位外,有的可一画对应物体的多个部位或多画对应物体的一个部位。教学时可视具体情况进行分析。如"飞"字,可将"乁"与鸟的头、颈、身、尾相对应。"广"字,可将上部两个笔画与突出山崖的崖顶相对应。

(二)汉字的局部与物体某部大体对应

汉字毕竟不是图画,即使是象形字也不可能对实物形体进行细致的描绘。许多字突出了事物的本质特点,而对其余部分进行了一般的造形。我们教学字理是为了让学生更好地理解和记忆汉字而不是其他,因此,在析形时要抓住代表物体本质特点的部分进行对应分析,而对其余部分只求大体对应即可,不可拘泥。如"象"字,是大象的象形。对应分析时只需强调上面像大象的长鼻子,"▭▭"表示大象的头,而对其余部分只需交代是代表象的身子、脚、尾巴等就行,让学习者自己去联想,不必细细找出哪一画代表象的哪条腿,哪一画代表象的尾巴等。

以上方法往往交叉使用。

上述字理识字教学的基本模式,既是基本的,又是稳定的,但不是机械的;

是通用的,但不是绝对的。也就是说,字理识字教学应该按此模式进行,不可随意变更。但是它又不是呆板的框框。对不同的汉字,各个环节在教学过程中的地位可以不同,各个环节所占用的时间也有不同。即使是同一环节,教师教学的重点也可不同。

第二节　字理识字课堂教学程序

字理识字课堂教学程序与常规教学程序大体相同,主要区别是在识字教学中增加了字理解析。其程序如下:

一、定向

定向是指在开始教学生字前引导儿童进入准备状态,产生对学习新知的趋向心理。教学一开始。教师应在儿童熟识的一定语言环境中提出所要教的生字,以建立儿童的定向基础。生字可通过课文语言、图片实物、旧知、日常生活中的见闻等提出。

二、教学字音

这是指用拼音等教学字音。

三、解析字理

这是指教师用语言、图画、实物、体态语言等引导学生观察、联想、比较、解析象形字、指事字、会意字的构形理据,讲清形声字的形旁和声旁的表意、表音作用,然后进行组词、造句等。

四、分析字形

教学汉字的笔画、笔顺、间架结构等。合体字按部件分解。

五、指导书写

这里所说的指导书写包含两种情况。这是采用的朱作仁先生提出的程序。[①]

---

① 　朱作仁、李人凡编《朱作仁语文教学研究文集》,广西人民出版社,1998(06)。

　　第一种情况是每教完一个生字就让学生按教材或教师的范字抄写（或默写）一次，然后引导学生与教材或黑板上的范字对照检查。写对了再写一个，写错了找出错误重新写。

　　第二种情况是在这节课教完全部生字后，教师按教学顺序，让学生听写一次（不带拼音）。这时黑板上的范字可不擦去，以供后进生利用。

　　上述"定向""教学字音"和"分析字形"环节与常规教学大体相同。"解析字理"环节在前文部分已有具体阐述。这里着重谈谈"指导书写"的问题。

　　"指导书写"是识字教学中不可缺少的课堂训练，不是可有可无的。重视课堂书写训练是小学语文教学的目的要求决定的。《九年义务教育全日制小学语文教学大纲》要求我们，重要的是改进教学方法，提高质量，在识字的过程中重视写字的指导，把识字和写字结合起来。

　　重视课堂书写训练是符合人们学习心理的。在学习过程中，学习者对所学内容的第一印象在知识的掌握和巩固上具有较大的决定作用。在学习者初次接触汉字时，除指导认读、分析字形、解释字义外，加强书写训练，有助于加深学习的第一印象。这样，有利于对汉字的掌握和巩固，达到提高教学效率的目的。

　　重视课堂书写训练是符合识字教学规律的。由于在初识字阶段，其教学内容是常用汉字，因此学习者往往对字音和字义比较熟悉，而学习的难点集中在字形上。正如张田若先生所说，识字教学要做到"形音义统一，以形为主"[①]。加上汉字结构复杂，形近字、同音字多，更加大了初学者识字的难度。因此，重视字形的教学，加强课堂书写训练是突破识字教学难点的需要。同时，也有利于学习者眼、耳、口、手、脑等各种器官协调活动，多通道获取信息，促进汉字形、音、义在大脑中建立紧密的统一联系。

　　对于当堂书写，有的教师担心教一个字写一次耽误时间，怕完不成教学任务。这种顾虑是不必要的。我们首先要在思想上认识到，完成教学任务的目的是让学习者掌握知识，提高能力，离开这点去为完成任务而完成任务是没有价值的。在书写训练上花些时间正是提高教学质量的需要，是值得的。

　　这里要强调的是，不能用书空等形式来代替书写。书空有利于儿童对汉字笔形、笔顺、笔画数的掌握，不失为一种传统的有效训练方法。但是它的功能是有限的。其一是由于汉字构形的复杂性，书空对许多字形无法分辨。如"士、土、工"三个字，"八、人、入"三个字，每组字中三个字的笔形、笔顺和笔画数全都一样，仅靠书空是很难分辨其不同之处的。其二是没有视觉效果。书

---

　　① 张田若：《我从事语文教学研究四十年》，载《读写算教研》1994 年第 3 期。

空后我们看不到笔迹,汉字的正误、间架结构等许多问题,学习者本人和教师都无从发现,只有进行可视的书写才能解决问题。因此,书空不能代替书写。

与此相同,对全课生字的听写也不能用游戏来取代。在小学的许多识字课上,教师在教完新课后总爱采用一些生动活泼的、儿童喜闻乐见的知识游戏,如"开火车""击鼓传花""找朋友"等来巩固教学效果。这样的游戏是符合儿童心理特点的,是有益的。但是,它同样不能取代"听写"这一环节。各种游戏的作用与听写的作用并不是完全相同的,且参与人数有限,参与人员的知识训练面也有不同,难以达到全员训练、全面训练的目的。就拿形声字的"找朋友"游戏来说,教师将所教 6 个形声字的声旁和形旁分别写在 12 张卡片上,在教完生字后将卡片发给 12 个学生,让拿着形旁卡片的学生走上讲台,然后按所学生字的需要,让另一相应声旁的学生也走上讲台,将卡片合在形旁卡片旁边,以组成刚才所学的生字。这种游戏学生很喜欢,也有利于学生巩固所学生字。但是,它也有不足之处,主要是参与面不大。从上述情况可知,真正参与游戏的学生只有 12 人,大多数学生只当观众,可见训练面不大。另外,教学内容未全部得到训练。从 12 位参与者来看,每人只复习巩固了一个字,还有 5 个字没有得到训练。而且对这个字是通过认读来复习巩固的,远没有实实在在的书写来得扎实。因此,游戏可做,但花架子不可要,听写训练则必不可少。

第三节　字理识字教学基本方法

字理识字教学既然是一种教学法,那么,常规的教学方法,如演示法、讲授法、讨论法等同样适合字理解析,这里就不必赘述了。与此同时,字理识字教学还可从生字和课型的实际出发灵活运用归类、循环、听读、猜认、基本字带字等多种教学方法。根据汉字的特点和教学的需要,字理识字教学提出如下教学方法。

一、图示法

图示法是用图画(如挂图、卡片、幻灯、简笔画、视频等)展示汉字产生、演变的大体过程。一般要求图画内容与所表示的汉字一致,形象典型,色彩鲜明。这种方法多适用于小学低年级象形字、指事字和部分会意字的教学。图示的作用重点在解决对汉字溯源的问题,即用图画将汉字的本义表示出来。如教学"隹"字就要绘出鸟图,教学"酉"字就要绘出酒坛图,教学"采"字可绘出手在树木上采摘的图。由于图画形象、具体,能激发学习者的学习兴趣,有利于将汉字的形与义紧密联系起来记忆,以加深对汉字本义的理解。尤其是对表现古人生活、生产、战争等方面的字,有必要用图示法来缩小古今历史差距,以利学习者对字理的理解。

图示法适用于对大多数象形字的教学,但少数极容易的字一看就懂,一学就会,不用图示也是可以的。

图示法多用于识字教学之初。随着识字教学的深入,图示法使用的频率可逐步降低。这是因为初识汉字时,一方面象形字比例大,形声字比例较小,因而使用图画的机会多;另一方面,在起始阶段用具体形象的手段教学有利于汉字部件、部首等的理解,为后段教学使用其他方法(如点拨法等)打下良好的基础。

二、点拨法

点拨法是运用精练的语言,根据汉字各组成部分的本义阐明其构形原理的方法。一般要求语言简洁,叙述清楚。这种方法多适用于会意字和形声字的教学。

点拨法是在图示法的基础上,通过对汉字部件本义的解释,领会汉字组构的意图。如教学"牧"字,只要解析"牛"是"牛"的变形,"攵"是手拿鞭、棍的意思,与"牛"合起来指手拿鞭子放牛,就是"牧"的本义。不用图示,只要这样一点拨,学习者也不难理解、掌握。点拨法在普通教育中多适用于小学中、高年级和中学的教学,在成人教育中也适用。

三、联想法

联想法是在解析字理时引导学生合理联想,以加深对汉字形、义、音的理解。我们今天引导学生去领会五六千年以前先民的造字理据,有着相当大的历史差距和思维差距。儿童识字,思维差距更大。怎样缩小这个差距呢? 一个有效的方法就是联想。汉字是以形、义为主的联想系统。其特点是形象,是符号,是通过联想来认识它的意义的。汉字的这个特点为我们今天通过联想来学习汉字提供了条件。

怎样联想呢?

(一)接近联想

这是指从空间上或时间上把汉字与有关接近的事物在人的经验中形成联想,借此缩小今天与造字时代的时间差距,缩小课堂与社会的空间差距,使学生如亲临其境,从而加深对汉字构形理据的理解。如教"坐"字,就引导学生联想《三国演义》等影视作品中表现的古人席地而坐的风俗,其字理就好懂了。

（二）相似联想

这是指从对汉字的感知引起它与形态上、性质上相似的事物形成联想,使汉字与实物紧密联系起来,以利对字理的理解。此法多适用于象形字教学。如教"自"字,可与人的鼻子形象联系起来观察理解,这样"自"为鼻子的象形就不言而喻了。

（三）对比联想

这是指将汉字与和它相对的事物形成联想。事物是相辅相成的。许多事物可以从它的对立面得到强化。汉字也是一样,有些汉字的字义以有明无或以无明有。通过对比联想可帮助学习者理解这些汉字。如教"沙"字,可引导学生从河水少想到沙子出现,这就是"沙"字的由来。

与此同时,为了便于记忆,学习者运用奇特联想,创造出独特的有效记忆方法,这是允许的,值得肯定的。这样的记忆方法虽然有的离开了字理,但是它符合学习者独特的思维方法,生动活泼,有助于识记的巩固,符合教育学原理,有利于学生发散性思维能力的培养,作为一种学习方法是有益无害的。如一位教师在教学"白"字后让学生自创记忆方法去记住它。学生的脑筋开动起来,一位学生从"白"字的形状想到了常见的文具,说"'白'字就像一个打开盖子的墨水瓶盒"。教师给予了热情的表扬,大大调动了全班学生创造记忆方法的积极性。

四、演示法

演示法是运用实物、动作等帮助阐明字理的方法。这种方法多用于象形字、会意字的教学。一般要求演示内容简单明了,动作明显。常见的有实物演示、动作演示、综合演示等几种。

（一）实物演示

当需要直观教学而又能找到实物进行演示时,可采用实物演示法。如教学"爪"字,为解析字理可出示自己手心向下的右手,再根据手的形状导出古体"爪"。教学"尖"字时,可用两手中指靠拢,掌心相对,做出上小下大的形状,也可用削尖的铅笔等进行演示。

（二）动作演示

当需要直观教学而又能用动作进行演示时,可采用动作演示法。如教学"开"字,为解析字理,教师可做用双手拉门闩开门的动作。教学"灭"字,可做用手往下压的动作。

（三）综合演示

综合演示法是指在使用实物演示的同时采用动作演示,以帮助阐明字理。如教学"寸"字,可以演示右手以说明"寸"是"又"(手)的变形的同时,用左手指着右手寸口处,以说明寸字中的"、"的指事作用,进而说明"寸"的本义。

五、实践法

实践法是指教师在阐明字理后引导学生根据字义进行相关的实践,以加深学生对字的本义的理解,帮助学习者记忆字形。因此,实践法是指学生的学习方法,它深受小学生的欢迎。实践活动一般要求简单易行,不影响教学。常见的有模仿性实践和创造性实践两种。

（一）模仿性实践

模仿性实践是指学生在教师解析字理后模仿教师进行实践活动。如前面介绍的教学"爪"字,教师用手心向下的手掌进行演示后,可让学生都像教师那样伸出自己的小手,并引导学生观察,找找手与"爪"字在形状上的共同点。教学"开"字,可让学生学教师用双手拉门闩开门的动作,甚至可指名表演,大家进行观察,细细体会。

（二）创造性实践

创造性实践是指学生在教师的启发下根据汉字所表示的意义自己设计并进行实践。如教学"澡、操、燥、躁"这一组字,为让学生依据不同的偏旁理解每个字的意义,教师在分析它们的意义后,可启发引导学生对"躁"字设计实践活动,学生就可能依据"急躁"的意思想到"足"的作用,因而做出急得跺脚的动作。

六、故事法

故事法是指教师运用故事阐明字理的方法。一般要求故事简短有趣。这种方法是各类学习者喜闻乐见的方法。如教"插"字，首先解析"臿"的由来，就可通过故事的形式介绍先民的生活习俗、介绍先民舂米的方法。这样"插"的本义和字形的演变过程，就理解和掌握了。

另外，对于部分暂不解析字理的汉字，教学时也可以运用一些相关的拆字等方面的故事来加深学习者对汉字的记忆。如教学"阔"字时可给学习者简略讲述三国时期杨修化解曹操在花园门上题写"活"字的故事。

七、比较法

比较法是确定两个或两个以上汉字的异同的思维过程。在汉字系统中，汉字与汉字之间有着千丝万缕的关系。通过比较可以把汉字的个别部分和特征分析出来，发现它们之间的异同，以利抓住字与字的本质联系和区别，达到提高教学效率的目的。

运用比较法可以从以下三个方面着手：

（一）比整体

对于某些形近字，可以从形音义结合上进行综合比较。如有学生常把"朿"写成"束"，我们可用比较其形义音的方法进行教学。这两字整体字形相似，相同的是都从"木"，不同的是中部，朿从"冂"，束从"冂"，"口"像捆木之物，"冂"由刺形变来。因此，"朿"即刺树的象形，即刺的意思，读音自然与刺（cì）相同了。而用绳索捆扎为"束"。这样一比，学生再也不会混淆了。

（二）比声旁

这是指对若干形旁相同而声旁各异的汉字找出构形的差异。如案、架、梨、柴等字，我们可以把它们放在一起进行比较，其共同点是形旁都是"木"，本义都与木有关；其读音都由声旁决定，与声旁相近。

（三）比形旁

这是指对若干声旁相同而形旁不同的汉字找出构形的差异。如忠、钟、种、冲、肿等字，我们可把它们放在一起进行比较。它们的共同点是声旁都是"中"，其读音都可从"中"的读音上得到提示；而本义都与不同的形旁有关。

八、歌诀法

歌诀法是指教师运用歌诀来帮助学习者识记汉字的方法。这种方法多适用于教学暂不讲字理的汉字。可以运用前人和他人的朗朗上口的歌诀,也可师生自编自用。一般要求歌诀简易上口,既表示字形结构,又指明字义。常见的有叙述性歌诀和谜语性歌诀。

(一)叙述性歌诀

叙述性歌诀是指将字形、字义用歌诀的形式告诉读者。如"办"字,有人编成歌诀为:"办事要用力,累得汗直流";"互"字有人偏成歌诀为:"上一下一,正七倒七,互相学习"。

(二)谜语性歌诀

谜语性歌诀是指歌诀式的字谜。如教学"秋"字时,有人编了这样的歌诀式谜语让学习者猜:"左边绿,右边红;绿的喜雨,红的喜风;喜风的怕雨,喜雨的怕虫。"教学"日"字时,有人编了这样的谜语:"画时圆,写时方;冬天短,夏天长。"

九、猜谜法

猜谜法是指师生运用猜谜的形式进行识字教学。一般要求谜语难易适度,启发性强。谜语的类型很多,除上述谜语性歌诀外,还有字谜、画谜、据形义猜音、据音义猜偏旁等。

(一)字谜

常见的是拆字谜语。如"一头牛(生)","只差两点(口)","空山中间一方田(画)","晴转阴有雨(清)",等等。

(二)画谜

这是根据字理绘出图画引导学习者按画面上所表示的意思猜字。如:画面上一个人靠着树,猜"休"字;画面上一个人跑到别人家里用锤子打人的头,猜"寇"字,等等。

(三)据形义猜音

这是指教师给出汉字的形义条件引导学习者猜出读音。如教师板书"日",并说:这个字是表示太阳的意思,你知道它是什么字吗?又如,教师板书"林",并说:这个字表示很多树的意思,你能猜出这是什么字吗?

（四）据音义猜偏旁

这是指教师在教学一组归类的汉字时，给出它的意义条件，引导学习者找到适合的偏旁。如教师教了"松"以后，板书"白"字，问："柏树的柏字应该加一个什么偏旁呢？"教了"挑"字后，板书"兆"字，问："跳高的跳字应该加一个什么偏旁呢？"

十、随机识字法

由于字理识字教学法适用于各种教材，而许多版本的教材的生字量都达不到字理识字教学法要求的指标，因此，除了教材上要求学会的生字外，对于许多常用字要采用随机识字的办法进行教学，即在生活中、教学中随机教学生识字。这是提高教学效率，保证识字数量的重要方法。

（一）在生活中随机识字

这是指教师结合学生生活实际，教学生认识生活环境中的生字。一方面是学生生活环境中已有的汉字，如街头招牌、标语、广告，电视屏幕上出现的汉字等。教师可在放学送路队时教学生认识街头生字，家长可在看电视时教孩子认识电视屏幕的生字。另一方面是在环境中特意设置的汉字。如在家具、文具上贴上家具、文具的名称，教师和家长随时教学生认读。

（二）在教学中随机识字

这是指教师结合各科教学，利用教学的有利契机教学生学习相关的汉字。一方面是指在进行语文生字教学时，顺带教学相关的汉字。如一位教师在教学"窝"字时，因势利导，采用变换偏旁的办法，顺势教给学生"涡""蜗"等字，使学生轻而易举地学会了本课生字外的两个生字。另一方面是指在语文以外的其他学科教学中，结合教学内容适当地教学生字。如在数学课上，教师可教学生认识"数学"二字，在音乐课上，教给学生"词""曲"二字。同时，在活动课，在课外阅读时，也可结合内容教给相关的生字。要做到这点，必须有各科教师的团结协作。还有一个方面是指结合语文教学的过程教有关常用字。如开学时，就教学生认识校名，认识"一年级""班"等字词，利用教科书教学生认识"语文"二字；开课了，在拼音教学阶段，就教"拼音"二字，结合翻页码，教学"1、2、3"等数字；拼音教完，可结合练习教学"基础训练"等字。无论是在生活中随机识字也好，还是在教学中随机识字也好，时间长了，学生接触的频率高了，这些字就都学会了。只要这样坚持下去，各科教师协同作战，小学一、二年级教学

2000个生字是完全可以做到的。教师在引导学习者随机识字时,对识字的要求与一般不同。从当时的环境条件出发,可以只教学习者整体认读汉字,有条件时,可以引导进行字形结构分析、字义解析等,一般可不书写。书写练习可放在以后条件成熟时进行。这里介绍了十种识字教学方法。这些方法除了字理识字本身所特有的部分外,很多是吸收了其他识字教学流派之长,充分体现了字理识字教学法博采众长的兼容性原则。事实上,教学方法是五彩缤纷的。教学内容不同,课型不同,教师不同,教育对象不同,教学环境、条件不同,教学方法就可能不同。我们要从实际出发,创造出更多行之有效的方法来。

第四节　识字教学的课堂教学法

一、字形教学法

字形是汉字音和义的物质外壳,是汉字教学的重点和难点。通过字形教学,学生可以掌握汉字的结构及其写法,从而达到认清字形,牢记字形,不写或少写错别字的目的。字形教学还可以培养学生的分析、比较、记忆、综合、想象的能力。字形教学的基础是掌握由多种笔画组成的部件,如偏旁部首和基本字等,掌握按一定顺序组成的结构。汉字好比一台机器。字形教学就是要学生掌握这台机器所有零件、部件的性能和特点,并据此进行拆卸和组装。教学中一般要教学生先对字形的整体有个初步完整的认识,然后一部分一部分地分析,再把各部分装配起来,回到整体。常见的字形教学方法有以下几种:

1.分析笔画法

这是通过分析一个字由哪些笔画组成进行识字的方法,例如"日"字由竖、横折、横、横组成。这种方法适合于学生刚学汉字以及学习独体字时用。教学时要讲清这个字由哪些笔画组成,又要说明笔顺规则,还要指出每一笔画在田字格的位置。这种方法的好处是可以巩固对汉字的零件——笔画的认识,有利于掌握书写顺序,有利于正确认识字形。

2.分析部首法

这是通过分析一个字的部首,让学生牢固掌握偏旁部首的基本字。如"木、土、火、金、丝、水、手、心、示"等,尤其要使学生掌握它们偏旁化后的形体变化。

如:手—扌,心—忄,火—灬,水—氵,冰—冫,丝—纟,金—钅,衣—衤,示—衤等。

　　要讲清部首的本义,指出部首字的字形和意义之间的内在联系,帮助学生从意义上区别形似的部首,纠正错字。还可用这种方法区别声符相同,部首相似的字。如"氵"代表水和液体,泉水清冽"的"冽"从"水";"冫"代表冰,"冫"旁的字与寒冷、凝结等有关,"北风凛冽"的"冽"是"冫"旁。

　　同形的部首要进行区别,主要从部位上区别。如"阝"在左边是"阜"部,在右边是"邑"部。"阜"是土山,从"阜"的字与山、与高有关。从"邑"的字与都城、封地有关。

　　对相似易混的部首进行归类、比较、分析、辨认。如字头易混的"宀""冖""穴""艹""竹"等;左偏旁易混的"氵""冫","衤""礻"等;右偏旁易混的"卩""阝","攵""欠"等;字底易混的"儿""几""辶"等。如"盲"与"育",讲清了一个从"目",一个从"月",学生就不会混淆了。

　　有些易混的部首,可以记住少数,掌握一般。如"忄"与"十"易混,只要记住从"十"的字只有"协"和"博"两个字就行。

　　指导时应注意:不能盲目地区别,一般应当在发现错误以后,再进行比较、区别;应根据学生的接受能力进行。

　　3.利用规律法

　　这是利用汉字的象形、会意、指事、形声等造字规律帮助学生识记字形的方法。例如:教"日、山、田、火"等字,可用象形作比较;教"上、下、本、刃"等字,可用指事规律教;教"尖、坐、明、休"等字,可用会意规律教;教"抱、跑、鼋、胞"等字,可用形声规律教。这种把汉字造字的规律教给学生,可收到举一反三、触类旁通的效果,能使学生深刻地记住字形。各种归类识字法介绍如下:

　　(1)形声归类识字。这是利用形声字在音和形上的联系进行归类识字的形式。教学时可利用形旁理解字义,利用声旁记忆字音。形声字归类一般有三种形式:

　　①基本字带字,如"青—情(事情)—晴(晴天)—请(请客)。

　　②合体字分解出独体字,如"油—由(理由)。"

　　③换偏旁识字,如"祖—租(出租汽车)。"

　　这三种形式又都采用以熟带生的方法,即每组前边的字是熟字,后边的字是生字。

　　(2)会意归类识字。这是利用会意字的特点来进行分解组合的识字形式。归类的方法是把会意字分成若干组,每组由2—3个熟字组成一个生字。生字的意义由熟字的意义合成。例如"小—土—尘(尘土)、不—正—歪(歪歪斜斜)""木—木—木—森(森林)"这种形式识字,能加深对字义的理解,加强对字形的记忆。

（3）象形归类识字。象形就是用一个符号把客观事物的形状描摹下来的造字方法。用这种方法造出来的字叫象形字，如：日、月、水、山等。把象形字归在一起，画上象形的图，学生容易记住字形，理解字义，使形和义紧密配合。

（4）同义归类识字。这是把词义相同或相近的字编排在一起进行归类识字教学的形式。例如："笑、欢喜、高兴、愉快、快活、快乐；看、瞧、观察、眺望、浏览、视察"。运用这种形式识字，能正确区分词与词之间的相同点和不同点，并能深入理解词义。

（5）量词归类识字。这是根据量词的特点进行归类识字的形式。这种形式有两种类型：第一类是以词组形式出现的量词归类识字，如"一斤（jīn）梨、一句（jù）话、一亩（mǔ）地、一段（duàn）路"；第二类是用数量词带生字的形式识字，如"一捆柴（chái）、一根棍（gùn）、一支箭（jiàn）。这种形式识字，不仅能加深对量词的理解，进一步区分量词之间的细微差别，还能学习量词的正确用法。

二、字义教学法

汉字是表意文字，绝大部分汉字是一个字的同时也是一个词，有独立的意义。字义教学对学生掌握字形有很大帮助，可以减少机械识记，增加意义识记。字义教学对培养学生的阅读能力也很重要，因为理解文章内容必须先理解每个字的意思。汉字具有同义、近义、多义、反义等复杂现象，所以从字的教学开始，就要帮助学生建立正确的概念，使之领会字义的内容、感情色彩和用法，不断丰富学生的词汇并能正确地运用于读写。下面介绍几种常见的字义教学的方法。

1.造字分析法

这是根据汉字的造字规律帮助学生理解字义的方法。如上文讲到的：象形字"爪"，像手指状，教师根据字形稍加描绘，学生不但能了解字义，还能掌握字形；学习指事字"互"，教师告诉学生："互"字上下两横的中间，竖折和横折相互勾连，相互靠在一起，表示互相依靠、互相帮助的意思；学习会意字"休"，教师告诉学生：左边是人，右边是木，表示人疲劳了，靠在树木旁休息；学习形声字，教师讲清偏旁部首表意，声符表音的特点。这种方法既可使学生掌握汉字的构字规律，又能使学生正确理解字义，还可提高学生学习汉字的兴趣。

2.注释举例法

这是运用学生生活经验中熟悉的词语和具体事物改变词义表达的方法。

例如:学"昔"字,告诉学生就是我们平常所说的从前;学"潜伏"一词,可联系电影中有关的场面使学生懂得潜伏就是为了完成某种任务而隐藏、埋伏的意思。这种方法可以唤起学生已有的生活经验,达到牢固地记住字义的目的。

4.联词造句法

这是通过组词或造句帮助学生理解字义的方法。在汉语中,具有一定意义的、最小的、能独立运用的造句单位是词。词有单音词、复音词之分。当一个字同时也是一个词时,即可以这个字为单位进行教学,当一个字不能表示一个意思时,就必须和别的字组成复音词来教。有些字因组合的不同,它们的意义也随之变化,如"恶",组合为"凶恶、恶劣、恶毒、恶霸"时,读 è;组合为"可恶、深恶痛绝"时,读 wù。这些字要通过联词的方式,才能读准字音,理解字义。有一些虚词或含义较深的字,必须通过造句才能准确地理解字义,如学习"好像",可通过句子"我们的生活好像蜜糖一样甜",使学生体会到"好像"是打比方的意思。

5.分析比较法

这是通过找近义词、反义词让学生理解字义的方法。汉字具有一字多义、一义多字及近义词、反义词多的特点。教学时,对生字多分析、多比较,可以准确地理解字义,区分具体事物的细微差别,提高理解、运用语言的能力。汉字中,有许多字,从意义上看是基本相同的,只是在程度、色彩和使用范围上不同,如"拿"和"取"、"赠"和"送"、"吃"和"食"。通过近义比较,既能帮助学生理解字义,还能使学生学会准确用词。汉字中还有许多反义词,如"苦"和"甜"、"进"和"退"、"正"和"反"。通过反义比较,学生对学过的生字易懂易记,还能加深对字义的理解。

6.据词释义法

这是在具体的词语中理解字义的方法。汉字中有许多多义字。这些字在不同的词语中或句子中有不同的意义。在识字教学中,让学生在理解词语和句子意思的过程中掌握字义,既可以使学生准确理解字义,还可以培养学生联系上下文理解字义的能力。例如学习"不约而同"的"约"字,先让学生理解"不约而同"是事先没有商量过,而思想和行动完全一样的意思,然后通过分析,理解"约"的意思是事先商量决定。

7.类推概括法

这是通过类推和概括去理解字义的方法。类推法是通过熟悉的总概念去认识个别概念。例如,餐具是总的名称,根据各自不同的特征和用途,分为碗、匙、盆、碟等。学习"碟"时,可以告诉学生这是一种餐具。概括法是通过熟悉的个别概念认识总概念。例如,学"文具"这个词时,可以告诉学生,笔、墨、纸、砚都是文具。

8.引申比喻法

这是先讲字的本义,再讲引申义或比喻义,使学生理解字义的方法。例如:学"劫"字,告诉学生"劫"的本义是以力胁迫,阻止不让走,引申为劫持、劫掠;学"初"字,告诉学生"初"的本义是用刀裁衣,因裁衣是做衣服的开始,所以用它的比喻义,表示开始的意思。

上面按字音、字形、字义三个方面分别介绍了一些具体的教学方法,在实际教学中,音、形、义的教学往往是紧密联系在一起的,彼此之间是互相渗透的。

第九章 字理识字的正确方法

识字能力是指学生掌握了识字的方法，从而能够不依靠教师，独立识字，即具有自学汉字的能力。具体地说，当一个生字出现时，学生能够运用汉语拼音或其他注音工具自己读准字音，或用部首查字法从字典上查出字音，准确发音；能用汉字的构字规律，分析字形结构，辨清字形，牢记字形；能够借助字典，或通过课文上下文，或联系生活实际理解字义。

学生有了识字能力，就能主动地去识字，去阅读，而通过自己动脑筋学会的字，印象深刻，容易巩固。这样，识字的速度和质量就会迅速提高，同时也培养了学生主动探索的精神和自己解决问题的能力。

第一节 培养识字能力

培养识字能力，首先要端正识字教学的指导思想，使识字教学从单纯的知识传授转变到能力的培养上来。

其次，要教给学生识字的方法，严格进行识字基本功的训练。要注意培养学生良好的识字习惯，如课前预习、勤查字典、仔细观察、比较分辨、巩固积累、勇于运用等习惯。

最后，要循序渐进地提出要求，逐步落实。教师要掌握整个中小学阶段识字要求与识字能力训练的系统，并且切实地落实到每一个阶段的具体教学中去。

从第一册第一课开始，教师就应该着眼于培养识字能力。要启发学生积极思维，教给学生识字方法，让学生自己动脑、动口、动手去识字。具体地说，要做好下列工作：

1.熟练地掌握识字的两套工具

第一套工具——汉语拼音。这是学习字音的工具。还要让学生掌握多音字、同音字、音近字的特点。多音字必须据词定音；同音字要认清字形，通过组词来区别字义；音近字不仅要认真比较读音，找出字音不同的地方，也要通过组词来区别字义。

　　第二套工具是笔画、笔顺、偏旁、部首、间架结构。这是学习字形的工具。要让学生掌握分析、记忆字形的方法。看图拼音识字部分,在田字格上,标明出现的新笔画;在田字格下,注出每个字的笔顺;这部分有近百个独体字,都是为以后分析字形打基础的。在看图学词句部分,又陆续出现了五十八个常用偏旁,为按结构单位分析、记忆字形打基础。至于字的间架结构,应在指导写字时,让学生自己逐步学会汉字间架结构的规律,在田字格中把字写匀称。

　　随着识字的增多,应充分利用熟悉的结构单位或熟字来分析和记忆字形。如"滚"字,左边"氵",右边衣服的"衣"字。中间放进一个"公"字。"由"字,是"油"去掉"氵"。"纺"字,是"方"字加上"纟"。"眼"字,是"很"字"双人旁"换个"目"字旁。这样,既复习了熟字,又省力地掌握了新字。

　　关于形声字,应该指导学生懂得形旁表义,声旁表音的规律。如"跑"字,跑步用足,"炮"字,放炮有火光;音节相同,声调不同。会意字则指导学生按字义来辨形。如小土是"尘",不正是"歪",上小下大是"尖"。

　　2.培养学生自己理解字义的能力

　　字义,确切地说应该是词义。把识字和学词紧密结合,把学词与认识事物紧密联系起来(充分利用图画)。这样,学生便能准确、形象地理解字义,也为独立理解字义创造了条件。通常培养学生自己理解字义的途径是:

　　(1)组词造句。常用字,特别是学生日常生活中比较熟悉的字,组词造句,很容易理解它的意义。构词力强的,还可以扩词,了解字义,又丰富了词汇。如"车",组成汽车、火车、电车等词;"气",组成气球、天气、生气等词。

　　(2)联系上下文。学生学习生字,应该养成这样一种习惯:每个生字,要读读课文中出现生字的句子,想一想是什么意思;字词,还得多读几遍,仔细想一下。学生经过反复朗读,明白意思,对词语的理解就深入了。生活中不熟悉的字词,如虚词,更需结合上下文去理解。

　　(3)查字典。对于这种能力,《九年义务教育全日制小学语文教学大纲》规定从一年级开始培养。初学时,教师应加强指导,特别要使学生掌握怎样结合课文来选取字义,怎样联系上下文来理解字义。学生能够经常查字典,经常联系课文词语选取注释,认真钻研上下文确定词义,自己理解词义的能力就会逐步形成。

　　3.培养学生自学的习惯

　　培养识字能力,必须培养学生的自学习惯。从学生主动识字自己动口、动脑、动手识字,到独立识字,从而形成识字能力。培养自学识字的习惯要注意以下几点:

（1）循序渐进。教师应根据识字每阶段的要求逐步提高。例如,看图拼音识字阶段,只能提出让学生自己拼出音节读准字音和按教师的指导复述笔画、笔顺,给字组词、扩词等要求。到了看图学句阶段,才能逐步提高按偏旁部首分析字形的要求。

（2）由扶到放。能力是逐步形成的,自学习惯是渐渐养成的。既要放手让学生自己去拼读字音,分析字形,理解字义,又要作必要的订正、引导、训练。预习生字,必须从课内开始。怎样拼出字音,怎样分析字形,怎样组词明义,教师都得严格要求、严格训练,等到初步形成习惯才能放手。待到提出新要求时,重新从课内培养做起。

（3）经常检查。教师布置的自学要求,必须经常检查,认真督促完成。例如,布置学生自己找出生字中的难字和难点,就得在课堂上口头检查或让学生写在本子上以供查阅,没有完成的就得补做,并给予教育。

音序查字法科学、方便,但是如果不知道某个字的读音,就无法查字典。部首查字法能把不知道读音的字从字典中找出来,但是如果一个字部首不明确,如"为""我""民"等,就不容易查找。为了帮助小学生掌握部首查字法,有的教师教给学生一些规律,编了口诀帮助学生记忆:"查字典,并不难,偏旁部首看端详。没有部首查起笔,形声字儿查形旁;头、底两层是部首,要让字头当偏旁;左、右两边是部首,取左去右有保障;内心、外壳是部首,舍去里边查外框;整个字儿是部首,此字本身是偏旁;一字头上生'二角',取其下底把'角'砍;下底如果不成部,左上角当此字旁;有些生字较特殊,顶天立地当偏旁;多查多想抓规律,相同部首不能忘。"

第二节 错别字的预防和纠正

错别字是错字和别字的总称。凡是不合乎标准体的字都叫错别字。各时代标准体的字以各时代标准字典的字形为依据。

错字是指写得不正确的字,也就是写成不成为字的字。别字是指误写其他字以代替原来要写的字,如"时候"写成"时侯","衷心感谢"写成"哀心感谢"。

一、错别字的心理分析

（一）错别字的一般趋势

①儿童中错字的多少与年级的高低成反比例;别字则随年级的升高而加

速上升,达到一定的稳定水平后则减速下降。

②错字出现的频率与字的笔画多少、结构的复杂程度成正比。

③错字比别字多。错字中,以形错为最多,形错字又以笔画错最多,笔画错又以减笔画错为最多。

④别字以音近致错的别字为最多。

⑤错字发生的部位大多在细节或隐蔽部分。

⑥偏旁部首组成的合体字,多错在左右互移上。例如,"甜",往往会左右偏旁互换造成错字。

(二)常见的错别字类别

①音同而义形不同的音别字,如"记账"写成"计账","影响"写成"应响"。

②音形相近而字义不同的别字,如"尊敬"写成"遵敬","纪律"写成"记律"。

③形近而音义不同的形别字,如"玩耍"写成"玩要","招待"写成"招侍"。

④双音词中前后两字互相调换的别字,如"休息"写成"息休","冒险"写成"冒危"。

(三)预防和纠正错别字的方法

预防错别字的关键在于能准确地辨认字形;预防别字的关键在于准确地辨别字义。在汉字学习中只要抓住了这两个关键,就可以大大减少错别字的出现。

根据儿童心理发展和汉字的特点,可利用下列方法来预防和纠正错别字:

①对于容易出现错别字的地方,如在比较隐蔽的部位中的点、横、钩等要用彩色粉笔加以标明,使这个隐蔽的弱成分变为强刺激成分。

②充分利用比较的方式对形近、音近(同)的字进行比较分析。只有在音、形、义统一的基础上进行比较,才能使学生形成精确的分化抑制。

③充分利用已有的知识经验,用儿童熟悉的结构单位去分析字形、记忆汉字或利用掌握的形声结构的规律去分析识记新的字词,让学生掌握独立识字的方法。

④识字时要做到三个结合:音、形、义结合,字、词、句结合和看、读、写结合。

⑤要合理地组织复习和练习,不断加深巩固程度。

⑥利用多种形式来发展儿童的精细观察能力和空间知觉能力,培养儿童识字的学习兴趣,形成良好的学习习惯。

⑦加强应用活动(如造句、谈话、分析等),使学生能正确地运用多义词、近义词。

⑧让儿童的多种感觉器官参加学习活动,尽量做到理解水平上的识记。

关于如何用积极的方法减少错别字,张田若在指导集中识字实验时经常提出的办法是:丰富学生词汇,让学生掌握大量的由常用字组成的常用词的"词形"(一个词是由哪两个字或几个字合成的),而且要达到熟练。识字教材采用了在认识一些常用字后,把学过的字尽可能组成常用词让学生读的办法,这样学生在写这些词的时候就可以减少错别字。

汉字字数多,音节少,音形义之间关系复杂。由于汉字中,同一音节里大多数有几个到几十个同音字,因此容易发生同音互相替代而出现别字。由于汉字的字形差别细微,组织多样,稍不慎,就会出现错字。因此,在识字教学中要重视错别字的预防和纠正。

根据有关专家的调查研究,错别字的产生有以下一些特点:

①错别字的多少与年级的高低有关。据黄仁发等研究,错字从开始识字时便产生,别字则须待掌握一定量的汉字后才产生,其时间约比错字的产生迟半年到一年。从错字的绝对数说,错字的多少与年级的高低成反比例,年级越低,出错率越高;年级越高,出错率越低。从错字与别字的相对数来说,一年级的错字比别字多,年级愈高,错字情况逐渐减少,与一年级学生别字出现的情况相比,二年级以后别字出现得较多。别字与年级的关系成一常态曲线。

②错字的出现与字的笔画有关。在错字中,以形错字最多。而形错字则以笔画错最多,笔画错又以增笔和减笔,特别以减笔错最多。初识字的学生对笔画较多的字比笔画较少的字容易产生错误。笔画较少的独体字,易产生增笔错误,笔画多而复杂的字,易产生减笔错误。

③错字的出现与字的结构有关。左右结构的字,常出现左右互移的错误,如"知"写成互换偏旁位置的错误结构。上下结构的字则一般不发生上下颠倒的错误。偏旁部首类似的字,常产生互相替代的错误,如"犭"和"扌","礻"和"衤"。带有"口"字的字,常在其内部出现增减笔画的错误。

④别字的出现与字音有关。别字以同音、近音致误占多数。根据错别字产生的特点,我们要认真研究识字教学方法。把着眼点放在培养儿童的识字能力上。在教学中,我们要积极引导学生观察、思维、分析、比较,揭示汉字的特点,找出识字的难点,使学生能运用识字工具,找出记忆字形的方法,这样才能预防错别字的产生。例如,学生掌握了形声字"声旁标音,形旁表义"的规律以后,就不会把"眼睛"写成"眼晴"了。一位教师教"苦"字时分两步走。第一步帮助学生了解"苦"字的音和义。第二步重点引导学生掌握字形。教师说:

"我有一个谜语请大家猜,'想起旧社会,不由泪淋淋。我家十口人,只有草盖身。'大家想想这是什么字?"学生们很快地回答:"这是'辛苦'的'苦'字。"接着教师让学生写一写。最后检查全班学生都写对了。

预防错别字的另一种方法是平时搜集学生笔记、日记、作文中的错别字,找出易错的字和字的易错部位以及常见的别字,在识字教学中对易错的字和字的易错部位予以强调,并着重进行训练。例如,有一位教师在平时批改作业时常发现学生把"商"字写成"商",因此他在教学生字"商"时,对学生说,商店的营业员上班时立在柜台后边,两只脚分开,一张小方凳放在柜台下面。这样一说,学生就不会把"八"写"十"。以后检查,这班学生没有一个把"商"字写错。

针对错别字产生的原因,采取措施,认真纠正。

二、错别字产生的原因

错别字产生的原因是多方面的,最主要的有以下几个方面。

第一,从汉字的特点来看,汉字字数多,音节少,音形义之间关系复杂。同一音节里大多数有几个到几十个同音字。据有人初步统计,现代汉语中,yi音节的同音字有 177 个,ji 音节的有 168 个,yu 音节的有 139 个,li 音节的有133 个,xi 音节的有 130 个。这么多的同音字,如果不在字形、字义上加以认真区别,就容易发生互相替代的现象。此外,汉字字形上差别细微,组织多样,例如"士"和"土"、"未"和"末"笔画和结构都一样,只是笔画的长短不同;"代"和"伐"、"拆"和"折"字形相似,只是多一笔或少一笔,稍不慎,就出错误。

第二,从儿童的心理来看,汉字音形义几方面复杂的关系与儿童年龄特征之间存在种种矛盾。例如,已知的音义和未知字形的矛盾;大量感知字形与缺乏书写基本练习的矛盾;空间知觉上的一般综合能力与缺乏精细分析能力的矛盾;理解抽象词义与缺乏生活经验、知识基础的矛盾;注意力的稳定性和易变性的矛盾;等等。由于儿童对字形没有形成正确的分化,在头脑中是某些字的模糊印象或歪曲形象占优势,正确的痕迹力量薄弱,不能控制住这些模糊印象或歪曲形象的重现,一旦它们转化为书写活动时,错误就发生了。此外,由于儿童脑子中存储的词汇量不足,对字义理解有错误,就会产生同音别字。

第三,从教师的教学来看,教学方法的优劣直接影响着学生识字的效果。如果违反儿童记忆的规律,未及时巩固,反复练习,就会导致识字的"回生现象";如果没有针对儿童知觉不精细的特点,以及汉字作为复合刺激强度不完全一致,弱成分常为强的成分所掩盖的情况,从而对难字、易错的字作预防性的指点,又未调动学生思维积极性对字形差异点作比较分析,就会造成学生对某些字的典型性错误现象。据调查,两个班的教师都教"扫、寻、医"三个字,其中一个班学习后有的学生把"医"写错,另一个班则未出现这种现象。因为前者在教"扫、寻"时,强调了"ヨ"是左开门,忽略了与"医"的"匚"右开门做比较,因此在儿童的学习中造成消极影响,形成负迁移,产生泛化作用。后者在教学中重视了比较,防止了错字的发生。可见教师的教学对是否产生错别字有直接影响。

三、错别字的预防与纠正

针对错别字产生的原因,教师要重视纠正错别字的教学和练习。

第一,调动学生的主动性,让学生自己找出错误表现及出现错误的原因,然后"对症下药"。如果是错字,就要从字形上辨析是多笔,还是少笔,是哪个部位出了问题;如果是别字,就要从字义上辨析词语的具体含义。找出原因以后,再指导学生联词、造句,这样学生就不会重犯错误。

第二,采用多种方法,开展纠正错别字的练习。常用的纠正错别字的练习有:

(1)改错法。教师有意将学生的错别字误写在词语或句子里,让学生去辨别、改正。

(2)听写法。教师把容易搞错、搞混的字嵌在编好的语句中进行听写,如听写"睁大眼睛看晴天",让学生辨别"睛"和"晴"。

(3)选择法。将别字和正字一起用括号嵌在一个句子里,让学生选正确的标出。例如:选字填空"(再、最、在)我们班里,郑伟刚同学学习(再、最、在)认真,我要努力赶上他。"

(4)综合法。将改正后的正字作正音、辨形、释义和运用的综合训练,借以加深理解和巩固。

第三,开展消灭错别字的课外活动,激发学生的兴趣。为了消灭错别字,有的教师在班级墙报上办"错别字医院",让学生当"大夫"进行"治病"。其格式如表 9-1 所示。

表 9-1　错别字医院

病字	生病原因	治好后			大夫
		音	形	义(组词)	
步	多一点	bù	步	步伐	

此外,还可以组织学生课外上街找错别字,找到以后再纠正错别字;组织

学生收集字谜、顺口溜等进行辨字练习,这样可以加深记忆。

　　第四,注意识词教学。汉语跟其他文字一样,也是以词为最小语言单位的。在教识字时必须十分注意词汇的教学。汉语以双音节的词为多数,所以尤其要注意双音节词的教学。要让学生熟练地掌握双音节词,会认、会默写、会用,而且准确无误,随心所欲,这样自然就不会写错别字了。即使有,也可以通过"暴露—矫正—复习"的途径使之消灭。写错别字其实是对词形的记忆不准,不牢固。所以消灭错别字最积极有效的方法是进行识词的训练,巩固词的记忆。经常听写词或句或段落是进行这种训练的好方式。